• Guias Ágora •

Os Guias Ágora são livros dirigidos ao
público em geral,
sobre temas atuais, que envolvem
problemas emocionais e psicológicos.
Cada um deles foi escrito por
um especialista no assunto,
em estilo claro e direto,
com o objetivo de oferecer conselhos e
orientação às pessoas que
enfrentam problemas específicos,
e também a seus familiares.

Os Guias descrevem as características gerais
do distúrbio, os sintomas, e,
por meio de exemplos de casos,
oferecem sugestões práticas que ajudam
o leitor a lidar com suas dificuldades
e a procurar ajuda profissional adequada.

Dados Internacionais de Catalogação na Publicação (CIP)
(Câmara Brasileira do Livro, SP, Brasil)

Markham, Ursula
   Traumas de infância : esclarecendo suas dúvidas / Ursula Markham ; [tradução ZLF Assessoria Editorial]. — São Paulo : Ágora, 2000. — (Guias Ágora).

Título original: Childhood Trauma.
Bibliografia.
ISBN 85-7183-709-0

1. Adultos vítimas de abuso quando crianças – Saúde mental 2. Auto-estima 3. Crianças e violência 4. Psicoterapia 5. Trauma psíquico em criança 6. Violência familiar I. Título. II. Série.

99-5467   CDD-616.8582239
            NLM-WM 100

Índices para catálogo sistemático:

1. Adultos : Traumas de infância : Saúde mental : Medicina
   616.8582239
2. Traumas de infância em adultos : Saúde mental : Medicina
   616.8582239

Compre em lugar de fotocopiar.
Cada real que você dá por um livro recompensa seus autores
e os convida a produzir mais sobre o tema;
incentiva seus editores a encomendar, traduzir e publicar
outras obras sobre o assunto;
e paga aos livreiros por estocar e levar até você livros
para a sua informação e o seu entretenimento.
Cada real que você dá pela fotocópia não autorizada de um livro
financia o crime
e ajuda a matar a produção intelectual de seu país.

Traumas de Infância

Esclarecendo suas dúvidas

Ursula Markham

ÁGORA

Do original em língua inglesa
Childhood trauma
Copyright © 1998 by Ursula Markham
Primeiramente publicado na Grã-Bretanha, em 1966,
por Element Books Limited, Shaftesbury, Dorset.

Tradução:
ZLF Assessoria Editorial

Capa:
  Ilustração: Bridgewater Book Company
  Finalização: Neide Siqueira

Editoração eletrônica e fotolitos:
JOIN Bureau de Editoração

Proibida a reprodução total ou parcial
deste livro, por qualquer meio e sistema,
sem o prévio consentimento da Editora.

Nota da Editora:
As informações contidas nos Guias Ágora
não têm a intenção de substituir
a orientação profissional qualificada.
  As pessoas afetadas pelos problemas
aqui tratados devem procurar médicos,
psiquiatras ou psicólogos especializados.

Todos os direitos reservados pela
Editora Ágora Ltda.

Rua Itapicuru, 613 – cj. 82
05006-000 – São Paulo, SP
Telefone: (11) 3871-4569
http://www.editoraagora.com.br
e-mail: agora@editoraagora.com.br

Este livro é dedicado a meus pais,
que me deram uma infância muito feliz e segura,
e a meus filhos, a quem tento dar o mesmo.

*Sempre há um momento na infância em que
a porta se abre e deixa o futuro entrar.*

Graham Greene, *O poder e a glória*

Sumário

Introdução 9

1   Produtos do passado 11

2   Tipos de trauma 22

3   Ninguém tem culpa 36

4   Trauma acidental 49

5   Trauma não intencional 61

6   Por favor, me ame 73

7   Violência física 88

8   Abuso da mente 101

9   Um futuro positivo 114

10 Se você precisar de ajuda 129

Leituras Complementares 133

Índice Remissivo 135

Introdução

Muitas pessoas que me procuram como hipnoterapeuta ou como conselheira o fazem por terem sofrido algum trauma em sua infância. Algumas podem ter sofrido abuso de natureza mental, física ou emocional, enquanto outras se sentiram rejeitadas ou não amadas pelos adultos responsáveis por sua criação. Outras, no entanto, às vezes não percebem que existiu um trauma; apenas acham que têm um problema no presente que gostariam de superar.

Contudo, ao conversar detalhadamente com essas pessoas, peço-lhes que me falem sobre o começo de suas vidas porque, mesmo se este foi um tempo feliz para elas, terá alguma relação com o que são agora — e não necessariamente uma relação ruim. Por terem tido uma infância amorosa e segura, é possível que tenham sido muito menos afetadas por um trauma do passado.

Algumas pessoas lembram-se claramente de tudo o que lhes aconteceu, de bom ou de ruim; há aquelas que têm grande dificuldade em rememorar qualquer coisa sobre a infância — e isso normalmente é significativo, tornando ainda mais importante ver o que podemos descobrir sobre esses anos formativos.

Qualquer que seja o trauma original e a forma que tenha aparecido — acidental ou deliberadamente, com ou sem intenção —, o resultado em sua jovem vítima é o mesmo: total destruição de sua auto-estima. (A propósito, sempre

10 *Traumas de infância*

que me referir a "ele" ou "dele", estarei me dirigindo a qualquer pessoa — homem ou mulher. Convém também ressaltar que todos os nomes citados em estudos de caso são pseudônimos.) Um dos principais pontos na superação de um trauma de infância é a reconstrução dessa auto-estima.

Muito tem sido dito nos últimos anos sobre a "síndrome da falsa memória", portanto, é muito importante permitir que os pensamentos e as lembranças apareçam naturalmente, sem nenhuma sugestão nem instigação por parte do terapeuta. Existem técnicas para possibilitar que isso aconteça e falarei sobre elas neste livro.

Embora exista uma escola de pensamento que acredita que, para superar uma condição causada por um problema do passado, é necessário reviver o trauma inicial com seu acompanhamento de dor e angústia, eu lhe garanto que não é assim. Nos últimos quinze anos, em que venho praticando a hipnoterapia, ajudei centenas de pessoas a se livrar de seus problemas presentes sem ter de passar pela angústia inicial que os gerou.

Neste livro, espero poder ajudá-lo a alcançar isso por si mesmo. Você pode aprender a descobrir a causa inicial de seus problemas atuais e se libertar de seus efeitos, permitindo a si mesmo viver de forma mais positiva e satisfatória.

CAPÍTULO 1

Produtos do passado

Imagine-se olhando pelo vidro da janela de um berçário, vendo vinte pequeninos recém-nascidos. Supondo que todos sejam saudáveis, há poucas coisas que possam diferenciá-los (a menos, claro, para os pais). Alguns podem ser negros e outros brancos; podem ter cabelos escuros ou claros; alguns podem ter cabelos, outros não. Mas, além da mesma necessidade de comida, calor e amor, eles não têm nenhum problema.

Agora, imagine que você poderia encontrar todos esses bebês trinta anos mais tarde. Como seriam diferentes então! Alguns estariam felizes, enquanto outros estariam deprimidos. Alguns seriam confiantes e positivos; outros, tímidos e introvertidos. Alguns estariam envolvidos em relacionamentos bons e fortes, enquanto outros teriam sido levados de uma ligação desastrosa a outra.

Por que isso é assim? O que aconteceu com todos aqueles pequenos bebês que os fez crescer de formas tão diferentes? Não pode ser apenas uma conseqüência de seus genes. Alguma coisa — ou, na verdade, muitas coisas — lhes aconteceu ao longo do caminho, transformando-os nos adultos que são hoje.

O que aconteceu foi que todos passaram por um conjunto diferente de experiências de vida durante seus primeiros anos, e essas experiências deixaram, cada uma delas, sua marca — positiva ou negativa — sobre eles e sobre a maneira como se sentem a respeito de si mesmos.

Nos capítulos seguintes, examinaremos o que acontece durante a infância a fim de verificar como isso pode tê-lo

12 Traumas de infância

afetado como adulto. Também vamos examinar as diferentes maneiras de eliminar os problemas que sua infância possa ter lhe causado e assegurar que não exerçam mais nenhum efeito negativo sobre sua vida. A primeira coisa essencial, porém, é verificar *como* o que acontece conosco na infância pode ter um efeito profundo e duradouro sobre nossa vida futura.

Para os propósitos deste livro, estou considerando que a "infância" vai até onze ou doze anos de idade. Certamente há coisas que acontecem com jovens depois dos doze anos que podem causar problemas mais tarde, mas tendem a ser problemas diferentes que trazem reações diferentes.

Antes dessa idade a criança é muito vulnerável a palavras e ações de outras pessoas e a eventos e situações que se dão a seu redor. Ela tem um poder de escolha muito pequeno e seu bem-estar depende dos outros.

Por falar nisso, não pense que tudo o que você vai ler aconteceu porque a criança em questão teve a infelicidade de nascer em uma família de pais ruins ou irresponsáveis. Mesmo aqueles pais que amam muito seus filhos e querem o melhor para eles podem, muitas vezes, agir de maneira não adequada. Eu sei! Tenho dois filhos adultos e se, quando eles eram crianças, eu soubesse o que sei agora, teria feito muitas coisas de maneira diferente.

Algumas vezes o trauma inicial não é causado por ninguém, e sim por eventos que estão além do controle de todos.

Nasci durante a Segunda Guerra Mundial — uma época em que muitas crianças sofreram traumas de tipos distintos. Como meu pai tinha uma vista ruim, teve que trabalhar em uma fábrica e não foi para a frente de batalha, portanto eu tive sorte porque ele voltava para casa toda noite. Muitos de meus contemporâneos, porém, tinham três ou quatro anos de idade e não conheciam seus pais. Isso não era culpa

Produtos do passado   13

de ninguém. Os homens tinham pouca escolha sobre a questão — eles iam para onde eram enviados.

Alguns pais nunca retornaram ou voltaram gravemente enfermos, e isso também tinha um efeito sobre a criança. E os que retornavam eram como estranhos para o filho que haviam deixado.

Valéria me contou sobre a volta de seu pai. Ela estava com três anos e nunca o tinha visto — ele fora enviado para o outro lado do oceano um mês antes de seu nascimento. De repente, um dia, a porta se abriu e lá estava o que, para a menininha, era um homem enorme com roupas escuras — um estranho. Valéria não só não conhecia seu pai, como também havia visto poucos homens em sua curta vida já que, salvo os que estavam velhos ou doentes, a maioria deles tinha ido lutar fora do país.

E aquele enorme homem na porta correu até ela, pegou-a e segurou-a fortemente contra sua face, abraçando-a com força. (Claro que ele fez isso; era um jovem superfeliz voltando para casa e encantado por ver a pequena menina que ele amava mas não conhecia.)

Imagine isso do ponto de vista de Valéria. Ser agarrada por um homem enorme com roupas estranhas e mãos fortes, grandes, e segurada contra um rosto duro e áspero comparado com o de sua mãe e da avó com quem passara sua vida até o momento. Como Valéria poderia saber que ele a apertava tão forte porque estava repleto de amor por ela? Era de se estranhar que a menina rompesse em lágrimas e gritasse por sua mãe?

Conheci Valéria quando ela estava com mais de quarenta anos, mas a lembrança daquele dia estava gravada tão claramente em sua mente que ela foi capaz de descrevê-la para mim com muitos detalhes.

Com o passar do tempo, pai e filha conseguiram conhecer um ao outro, e a relação se tornou amorosa e cuidadosa.

14   *Traumas de infância*

Valéria, no entanto, nunca esqueceu o que foi para ela o momento aterrorizador do primeiro encontro.

Você poderia pensar que os bons anos que se seguiram neutralizaram o efeito amedrontador do primeiro encontro na cabeça de Valéria. Mas as coisas não funcionam assim. De maneira lógica, ela entendia a situação perfeitamente, porém o medo que sentiu aos três anos de idade deixou sua marca em seu subconsciente.

A imagem que temos de nós mesmos é constituída quando ainda somos muito jovens. Essas experiências podem dar forma a nossas vidas e determinarão se teremos alta ou baixa auto-estima ao crescer. A baixa auto-estima tornará impossível que nos sintamos verdadeiramente contentes com nossas vidas ou conosco mesmos. Seja qual for o nível dessa auto-estima, viveremos nossas vidas de tal maneira que a reforçaremos — a menos, é claro, que façamos alguma coisa para mudá-la (como você está fazendo agora ao ler este livro).

Uma criança muito pequena vê os pais (ou quem esteja atuando em tal posição) como todo-poderosos, aqueles que tudo sabem e nunca estão errados. Se por alguma razão um ou ambos os pais parecem rejeitá-la, a criança pensará que a culpa é dela. Afinal, essas pessoas maravilhosas têm de estar certas, não é mesmo?

A "rejeição", no que se refere à criança, pode ter muitas formas. Se um dos pais parece não amar a criança, ela se sente rejeitada. Se um dos pais vai embora, a menos que as pessoas de seu convívio sejam muito cuidadosas ao explicar a situação nos termos que possa entender, a criança ainda irá considerar isso uma rejeição pessoal.

Qualquer conselheiro que trabalha com crianças de pais divorciados ou separados dirá que, em um número bastante elevado de casos, a criança verdadeiramente acredita que é a culpada pela separação. Isso se aplica em particular

Produtos do passado   15

àqueles casos em que houve brigas quanto à questão da custódia.

Você talvez pense que qualquer criança que soubesse que ambos os pais querem ficar com ela se sentiria duplamente amada. Mas pense no que acontece em geral antes de uma separação; a criança estará muito consciente da existência de uma atmosfera hostil, quer tenham lhe explicado a razão para isso ou não. Além disso, perceberá que, embora seu nome seja mencionado com freqüência, as conversas são interrompidas quando ela entra no quarto. Não é de estranhar que se sinta confusa e muitas vezes ache que fez alguma coisa terrivelmente errada.

Não é apenas nos casos de ação deliberada que a rejeição pode ser percebida pela criança. Todos sabemos que algumas pessoas morrem ou ficam doentes e têm de ir para o hospital; outras podem ir para a prisão ou, por alguma outra razão, desaparecem do cenário da criança. Em muitos casos, ela considerará isso também uma rejeição — particularmente se ninguém se der ao trabalho de lhe explicar a verdade sobre o que está acontecendo. Sua mente subconsciente lhe dirá: "Esta pessoa maravilhosa que sabe tudo e que deveria me amar foi embora e me deixou. Portanto, ela não me ama e, como ela é tão sábia, eu devo mesmo ser indigna de ser amada".

Em momentos assim, é muito importante tirar um tempo para explicar a situação à criança e garantir-lhe repetidas vezes que isso não é culpa dela e que a pessoa que não está mais presente ainda a ama muito.

Suponha que essa garantia não seja dada. O que vai acontecer na mente daquela criança à medida que crescer? Como ela se considera indigna de ser amada, tenderá a agir de maneira a fazer com que os outros não a achem amável. Quando eles também parecerem rejeitá-la, sua visão interior sobre si mesma terá sido reforçada, e assim se criará um círculo vicioso.

16 *Traumas de infância*

A mudança é algo que todos achamos difícil, até mesmo uma mudança de móveis ou de penteado; uma mudança da auto-imagem é ainda mais difícil de aceitar. Não é algo com o qual seu eu interior aprenderá a se sentir confortável da noite para o dia, mas — e esse é um "mas" muito importante — com perseverança de nossa parte aquele eu interior (que é na verdade outra maneira de se referir a sua mente subconsciente) começará a aceitar o novo e mais confiante eu como uma realidade.

Depois que seu subconsciente conseguir aceitar e se sentir confortável com seu novo eu, é como se o antigo nunca tivesse existido. É como se você fizesse uma gravação sobre uma velha fita cassete; assim você terá "gravado" uma nova auto-imagem sobre a antiga imagem negativa, apagando-a completamente.

Ao avançar neste livro, você encontrará vários exercícios que vão ajudá-lo a criar essa nova imagem e gravá-la em seu subconsciente de maneira a ser aceita como seu verdadeiro eu. Como somos todos diferentes, alguns desses exercícios lhe parecerão mais eficazes do que outros e alguns lhe parecerão mais fáceis do que outros. Experimente cada um deles, porque só experimentando é que descobrirá qual é o mais eficaz para o seu caso.

Suponha, contudo, que você saiba que é menos confiante do que gostaria de ser e, mesmo assim, não consegue pensar em nada em seu passado que poderia ter causado isso. Por onde começar então? A primeira coisa a compreender é que é possível que não tenha havido um trauma único, nem uma série de traumas em sua infância. Pode ter acontecido uma determinada situação que acarretou sua falta de confiança atual. Examinaremos isso mais tarde; por enquanto, veja que resultados você obtém ao fazer os exercícios a seguir.

Existem duas maneiras principais de abordar a situação: uma se baseia na análise lógica e a outra, na análise

Produtos do passado 17

intuitiva — ou seja, deixar seu subconsciente resolver o quebra-cabeça para você. Vamos tentar a abordagem lógica primeiro.

Exercício — análise lógica

- Pense em seu passado o mais para trás que conseguir. Anote os principais eventos — mudança de casa, mudança de escola, morte de parente próximo etc. — e a idade que você tinha na ocasião. Se tiver lacunas em sua memória sobre esses eventos, verifique se alguém pode completá-las para você.
- Agora considere o aspecto de si mesmo do qual não gosta — falta de confiança, desconfiança de algumas pessoas, medo etc. — e veja se consegue se lembrar de uma época em que não se sentia assim. Por exemplo, você era feliz no primário, porém menos no colégio? Ou você se relacionava facilmente com as pessoas até mais ou menos os sete anos, e depois não?

Nem todo mundo consegue passar uma linha divisória na própria vida. Se você puder, isso pode ser útil, pois lhe dará uma idéia da época aproximada em que o trauma ocorreu. Não se preocupe, contudo, se não conseguir se lembrar de uma época em que o problema não existia. Significa apenas que você não guardou lembrança do gatilho, não que ele não tenha existido. E não importa o quê, posso lhe garantir que seu subconsciente sabe a resposta — ele sempre sabe. Você precisa saber como lhe perguntar e como garantir que ele lhe dê a resposta certa.

- Examine a lista de eventos que você elaborou e em especial (se for o caso) os que ocorreram depois da linha divisória que você traçou. É possível descobrir uma razão lógica pela qual algum deles possa ter parecido traumático para a criança que você foi — ainda que pareça insignificante ao adulto que se tornou?

18 *Traumas de infância*

Se for capaz de usar a análise lógica para encontrar o momento ou momentos de seu trauma, você tem um ponto de onde começar. Mas a lógica não é suficiente para curar a situação. Você ainda terá que fazer os outros exercícios para romper as barreiras que seu subconsciente ergueu.

O exercício a seguir requer que você pratique visualização, que vem a ser o uso deliberado de sua imaginação. Seguem algumas dicas para quem não está acostumado com essas técnicas.

Se depois de ler o exercício algumas vezes, você sentir que achará difícil se lembrar dele, peça a um amigo que leia para você, ou o grave em uma fita cassete e toque-a enquanto pratica. Em ambos os casos, lembre-se de que as palavras devem ser pronunciadas lentamente de modo a permitir que as imagens se formem em sua mente. Se, em algum ponto, sua mente divagar e outros pensamentos vierem à cabeça, simplesmente faça sua mente voltar à cena que estava imaginando e continue desse ponto. A visualização é uma daquelas técnicas que rapidamente se tornam mais fáceis com a prática.

Exercício — análise intuitiva

- Escolha um lugar tranqüilo, onde você não será perturbado. Certifique-se de que está bem abrigado e encontre um lugar confortável para se sentar ou deitar.
- Feche os olhos, relaxe o corpo tanto quanto possível e passe alguns minutos estabelecendo um padrão regular de respiração e escutando o ritmo estabelecido.
- Agora visualize a cena descrita no próximo passo, lembrando-se de nunca forçar as imagens que vierem — permita que sua imaginação faça todo o trabalho para você. Tente ficar de lado e tornar-se um observador mais do que um criador.

Produtos do passado **19**

- Imagine um quarto — por favor, tenha certeza de que é um quarto imaginário e não um que você realmente conheça. Imagine-o exatamente como você gostaria que fosse: grande ou pequeno; os móveis podem ser modernos ou antigos, simples de elaborar. Todos os objetos, iluminação, móveis — deixe tudo isso vir livremente à sua mente. Se tiver uma janela, pode ser grande ou pequena, antiga ou moderna. A vista dessa janela pode ser qualquer coisa que você goste de olhar.

- Ponha nesse quarto uma cadeira confortável e se imagine sentado nela. Use sua imaginação para incorporar todos os sentidos. Consegue sentir a cadeira na qual se apóia? Há cheiros no quarto — flores, couro, verniz dos móveis, incenso? Você escuta alguma coisa — música ou canto de pássaros —, ou está tudo silencioso?

- Ao lado da cadeira há uma mesinha e, sobre ela, um grande livro. É um livro bonito e muito pesado. Apanhe o livro e o examine. É o livro de sua vida até o momento — portanto, ele não está completo.

- Abra o livro em uma imagem bem feliz. Pode ser a imagem de férias familiares, uma festa de aniversário, ou mesmo de um brinquedo favorito. Enquanto olha a página, lembre-se do sentimento feliz associado ao que vê aí.

- Agora imagine-se passando as páginas desse livro, para trás e para a frente, até alguma época relevante ao problema que você tem hoje. Não force nada. Por mais demorado que seja, deixe sua imaginação fazer o trabalho. Quando chegar a uma imagem (mesmo se for uma da qual não consegue se lembrar conscientemente), estude-a e pergunte a si mesmo o que ela é, que sentimentos despertou no momento em que aconteceu e como você se sente em relação ela hoje.

- Passe as páginas do livro outra vez até encontrar a imagem feliz com a qual começou e, uma vez mais, lembre-se dos sentimentos bons associados a ela. Depois, respire profundamente e feche o livro antes de abrir seus olhos.

20 *Traumas de infância*

Não há nada de misterioso sobre o que você fez neste exercício. Embora possam existir muitas coisas que você não pode trazer à sua mente conscientemente — e assim pensar que as esqueceu —, o subconsciente se comunica com muito mais facilidade por meio de imagens, razão pela qual sugeri que você permitisse que as imagens aparecessem em sua mente.

Talvez seja necessário repetir o segundo exercício, particularmente se você estiver muito tenso da primeira vez; se for o caso, faça-o no decorrer de vários dias e não várias vezes no mesmo dia. Quanto mais você puder relaxar, mais poderá ter certeza da acuidade das imagens que seu subconsciente lhe mostrar, mesmo quando relacionadas com eventos ou pessoas das quais você não tem lembranças conscientes. Em alguns momentos, é possível que essas imagens sejam mais simbólicas do que reais — mas isso também não importa.

É importante que, ao olhar seu Livro da Vida, comece e termine com uma imagem agradável. Isso fará com que você se sinta positivo sobre si mesmo e sobre o que está fazendo, ao passo que ficar com a imagem perturbadora pode gerar sentimentos de ansiedade.

Lembre-se também de que a imagem "traumática" que achará em seu livro não necessariamente será alguma coisa horrível. Como já vimos, nada havia de horrível no fato de o pai de Valéria voltar para casa depois da guerra e abraçar a criança que nunca havia visto. O evento foi bom; apenas o efeito em Valéria é que foi traumático.

Não deixe de fazer esses exercícios valiosos. Provavelmente você está impaciente para avançar e superar qualquer efeito prejudicial de algo que pode ter lhe acontecido na infância, e isso é bastante compreensível. Mas, se um problema esteve com você durante todo esse tempo, que diferença faz se for preciso mais uma semana ou duas antes

Produtos do passado   21

de começar a notar alguma mudança? É muito melhor trabalhar dando um passo de cada vez e assegurar o sucesso.

Embora esses exercícios formem apenas a parte exploratória do processo de superação de algum trauma passado e nada curem por si mesmos, você verá que se sentirá melhor consigo mesmo assim que começar a praticá-los. Por mais que demore a aprender a lidar com toda a situação (e provavelmente descobrirá que será preciso muito menos tempo do que pensou), você terá consciência de que está começando a ter controle sobre sua vida e a revirá-la de maneira a se tornar o tipo de pessoa que realmente quer ser e viver da forma que realmente deseja.

CAPÍTULO 2

Tipos de trauma

O trauma emocional pode ser pequeno ou grande; pode acontecer em uma ocasião isolada ou se repetir com freqüência. Pode ter um efeito imediato na vítima ou o mal que causa pode demorar para ser notado. Mas uma coisa é certa: seja qual for o efeito prejudicial que tenha, sua potência aumenta com o tempo; ele nunca permanece estático.

Tomemos, por exemplo, um medo provocado por um trauma no começo da infância. Às vezes, o evento que causou o problema foi tão rápido ou pareceu tão pouco importante que passou despercebido por aqueles que estavam presentes no momento. Mesmo a própria vítima pode ter pequena ou nenhuma lembrança sobre a ocasião original.

É aqui que a hipnoterapia pode ser muito útil. Como a hipnose tem acesso ao subconsciente — e como a mente subconsciente nunca esquece *nada* —, é possível retornar ao evento do qual ninguém se lembra conscientemente.

William tinha medo de cachorro desde quando podia se lembrar. Quando menino, escondia-se atrás da mãe se um cão se aproximasse quando estavam na rua. Tinha medo de ir à casa de colegas da escola se soubesse que havia cachorros. Quando estava sozinho, atravessava a rua ou tomava uma rota diferente apenas para evitar passar perto de algum cachorro.

Não importava se o cachorro fosse pequeno ou grande, nem sua cor ou quanto barulho fizesse, ou mesmo se fosse amigável. William sentia medo tanto de cachorros mansos e gentis quanto dos ferozes.

Tipos de trauma   23

Ao crescer, o medo de William aumentou, e isso lhe causava grandes embaraços. Uma coisa era uma criança ter medo de cachorro e outra, bem diferente, um homem crescido ter o mesmo medo. Ele estava determinado a fazer alguma coisa — e por isso me procurou.

Na época que o conheci, William já se havia feito todas as perguntas. Ele não tinha nenhuma lembrança de ter sido mordido por um cachorro, nem mesmo lambido por um, e ninguém em sua família havia sofrido uma experiência assim ou poderia pensar em alguma razão lógica para seu pavor.

Claro, quando alguém tem um medo para o qual ninguém consegue achar uma explicação lógica, isso apenas aumenta o problema. Além de se sentir amedrontada, a pessoa se sente tola — em particular quando vê os outros se comportando calmamente em uma situação que o enche de pavor. Isso estava acontecendo com William. Ele me disse que se achava "estúpido", "inferior", "indigno de respeito" — essas eram as palavras dele.

Quando a auto-estima cai dessa maneira, deixa de estar relacionada apenas com o problema óbvio. O sentimento de ser "estúpido" fez William perder a confiança em outras áreas de sua vida e tanto seu trabalho como seu casamento começaram a ser atingidos. Afinal (de acordo com seu próprio raciocínio), como alguém poderia ter respeito por uma pessoa como ele?

Assim, embora seja fácil pensar que, se alguém tem medo de cachorro, deveria simplesmente evitá-los e a vida continuaria bem, não é exatamente verdade. Como esse medo leva à perda de auto-estima, muitos outros aspectos da vida são igualmente afetados.

Também é possível verificar que esses sentimentos de medo nunca permanecem os mesmos mas, se não são tratados, podem piorar. Como William sabia desse medo, mal vislumbrava um cachorro na esquina já entrava em pânico.

24 *Traumas de infância*

Seu coração disparava, os músculos ficavam tensos, a garganta apertava e ele podia sentir que começava a tremer. Quanto mais raiva tinha de si mesmo por se sentir assim, piores os sintomas. E cada vez que isso se repetia, ele se lembrava das outras vezes; a ocasião lhe dava mais motivo de se lembrar de seus fracassos.

A primeira coisa que eu quis fazer com William foi ajudá-lo a encontrar a causa original de seu medo para que pudesse ver que, ainda que não conseguisse se lembrar dela conscientemente, ela existia. Usando a hipnose para conduzi-lo ao passado, só quando chegamos à sua primeira infância, descobrimos um tempo em que esse medo não existia. William estava sentado em seu carrinho de passeio, sendo levado para uma caminhada no parque. Em um ponto, sua mãe parou para conversar com outra mulher. Entretida em sua conversa, ela não reparou que o cachorro da mulher — um animal grande mas manso — estava sentado nas pernas de trás com as patas da frente apoiadas no carrinho, com seu nariz úmido e a língua comprida a poucos centímetros do rosto do bebê. Ela se virou quando os gritos de William a alertaram, mas então o cachorro já havia ido agarrar a bola que a dona acabara de atirar.

Embora o evento fosse aterrorizador para um bebê — afinal, a cara do cachorro era maior que a sua —, nada realmente perigoso tinha acontecido e por isso ninguém foi capaz de se lembrar dessa ocasião.

Descobrir a verdade da situação trouxe grande alívio a William. Nós ainda continuamos usando a hipnose para lidar com o medo, mas pelo menos agora ele era capaz de entender o que havia acontecido e assegurar-se de que não valia menos que outra pessoa qualquer. Sua confiança melhorou mesmo antes de começarmos a terapia.

Nem todo trauma de infância é causado por eventos assim tão simples. Existem, realmente, muitos aspectos diferentes a serem considerados.

TRAUMA ACIDENTAL

Essas são coisas que a vida nos lança. Elas não envolvem falta de gentileza ou má-vontade por parte de ninguém; ainda assim, porém, terão um efeito definido na criança quando ela se tornar um adulto.

No capítulo anterior, vimos a reação de Valéria quando seu pai voltou da guerra. Entretanto há muitas outras coisas que podem acontecer sobre as quais as pessoas envolvidas não têm controle. Se um dos pais ou parente próximo fica seriamente doente ou morre, não há dúvida de que não é culpa de ninguém, mas todos ao redor serão afetados — e ninguém mais dramaticamente do que uma criança.

Já que ninguém pode prevenir tais acontecimentos, é de vital importancia que os adultos arranjem tempo para explicar a situação à criança, com palavras adequadas para sua idade. Mesmo que ela não compreenda totalmente o que está acontecendo, irá lembrar-se da explicação quando crescer e apreciará ter sido levada em conta.

Todos ouvimos falar de pessoas que foram adotadas quando eram muito pequenas e criadas por pais adotivos amorosos e dedicados que decidiram, qualquer que tenha sido a razão, não contar à criança a verdade sobre sua origem até esta chegar à adolescência. Se isso acontece — mesmo que os motivos dos pais adotivos tenham sido os melhores —, a criança geralmente fica desesperada. De repente, todos os fundamentos sobre os quais construiu sua vida se quebram e fica a sensação de perda e de não saber nada sobre si mesma.

Aquelas crianças que são criadas sabendo desde o começo que são adotadas, ainda que não tenham certeza do que essas palavras significam quando as escutam pela primeira vez, não sofrem da mesma maneira. Podem muito bem decidir, quando forem mais velhas, que gostariam de satisfazer sua curiosidade e descobrir mais sobre seus pais

26 Traumas de infância

biológicos; elas, todavia, não sofrem uma crise pessoal de confiança como as que foram mantidas na ignorância.

Seja qual for a situação — morte, doença, divórcio, separação —, a criança deve ser incluída no que está acontecendo em um grau adequado para sua idade. O mais importante, em qualquer etapa, é falar com ela, responder às suas perguntas e assegurar-lhe que, não importa o que esteja acontecendo ao redor, ela ainda é amada por ser a pessoa que *é*.

TRAUMA NÃO INTENCIONAL

O trauma não intencional ocorre quando pessoas com boas intenções agem de forma infeliz, geralmente acreditando que estão fazendo o melhor.

Ainda me lembro de um dos meus filhos voltando para casa depois de visitar um amigo da escola e descrever como seu amigo — um tímido garoto de oito anos — tinha sido obrigado, pelo pai, a subir numa árvore do jardim porque "isso o ajudaria a se tornar um homem".

Essa criança era a mais nova de três garotos. Os dois mais velhos eram ambos arruaceiros e agitados e praticavam todas as formas de atividade física, desde esportes até saltar do muro do jardim. O mais novo, entretanto, era um garoto quieto, que preferia os livros ao futebol. Isso preocupava seu pai, um militar reformado, antiquado o suficiente para acreditar que garotos devem gostar de atividades que os ajudem a se tornar fortes e agressivos.

No dia em questão, o pai estava "ajudando" o filho mais novo a desenvolver seu machismo forçando-o a subir na árvore e, quando o menino ficou petrificado de medo e não conseguia mais subir nem descer, o pai ficou embaixo gritando com ele.

Esse homem certamente amava sua família, mas, talvez por causa da educação que recebeu, era tão insensível que não compreendia as diferenças entre seus filhos e a necessi-

Tipos de trauma   27

dade que tinham de ser tratados de formas diferentes. A seus olhos, ele não estava sendo cruel com o garoto mais novo; estava ajudando-o a crescer e se tornar "um homem de verdade" — algo que ele considerava ser um dever dos pais em relação aos filhos.

Já se passaram muitos anos e não tenho idéia do que aconteceu com aquela família, mas posso apostar que, a menos que as coisas tenham mudado radicalmente, o rapaz mais novo se tornou um homem cuja confiança foi prejudicada em grande medida por um pai pouco sensível.

É claro que a atitude oposta também pode ser prejudicial, se levada ao extremo. Os pais mais amorosos e cuidadosos podem fazer muito mal a seus filhos se os mimarem e protegerem de tal forma que a criança, quando adulto, seja incapaz de se sustentar sozinha.

Nesses casos, não estamos falando de acontecimentos traumáticos específicos, e sim de uma situação recorrente — e que pode ser igualmente responsável por minar a confiança da criança que está crescendo. Imagine o que deve ser ter alguém ao seu lado que retire de suas mãos todas as tarefas e as faça por você. Pode-se acabar acreditando que ninguém tem confiança em você e, já que essas pessoas são os adultos sábios e maravilhosos que o amam, devem estar certos. E, se estiverem, então é verdade — você é um inútil, incapaz de fazer as coisas que os outros fazem; não é necessário a ninguém.

Vimos que, a menos que a situação tenha sido bem administrada, uma criança pode considerar a morte ou a partida de um adulto próximo como rejeição pessoal. Algo muito semelhante ocorre quando um adulto é incapaz de demonstrar amor e afeição pela criança.

Mais uma vez, o adulto pode não ter culpa. Todos somos produtos da criação que nos foi dada e apenas em anos recentes as pessoas compreenderam que é possível mudar a maneira como são. Contudo, qualquer criança que não

28 *Traumas de infância*

receba beijos e carinhos daqueles que lhe são próximos, ou a quem nunca se diz que é amado ou como é especial, terá o sentimento de não ser amado e, conseqüentemente, de não ser capaz de despertar amor.

Não importa se ao crescer ela entenda que seus pais realmente a amaram, mas algo os impedia de demonstrar isso de maneira tangível. O mal já terá sido feito durante aqueles anos formativos. E, a menos que o adulto faça um esforço definido para que não seja assim, é muito provável que terá esse mesmo comportamento em relação a seus próprios filhos — perpetuando, assim, o sofrimento impingido a ele.

Um trauma não intencional também pode ser causado por pessoas ou instituições que levam as crenças religiosas a tais extremos que fazem os filhos se sentirem culpados por quase todos os momentos de prazer em sua vida.

Não sou, de modo nenhum, contra a religião — apenas contra a maneira como alguns ensinamentos e regras são mal interpretados por alguns indivíduos. Embora só possa haver benefícios no fato de as crianças serem criadas para acreditar que é melhor serem boas do que más e que é melhor importar-se com as outras pessoas do que feri-las ou ignorá-las, não acredito que exista uma única pessoa que possa afirmar categoricamente que em algumas ocasiões não tenha se comportado de uma maneira que agora condena. Esses escorregões, no entanto, não fazem dessa pessoa um pecador ou um condenado para sempre. De fato, se a consciência dos erros passados faz com que a pessoa não queira mais repeti-los, então eles serviram como uma parte valiosa no seu processo de aprendizagem da vida.

Não é incomum que o comportamento obsessivo apareça como resultado de fortes sentimentos de culpa, particularmente as formas que incorporam limpeza e lavagem repetidas — seja da pessoa ou de seu ambiente. (Embora

Tipos de trauma   29

seja possível que homens também desenvolvam comportamentos obsessivos como resultado de sentimentos culposos, isso acontece mais freqüentemente com as mulheres.)

Alison sofria de uma obsessão assim. Não apenas sentia a necessidade de lavar as mãos dezenas de vezes no decorrer do dia, como também era fanática em relação à limpeza da casa, das crianças, de suas roupas e de tudo o mais com que pudesse entrar em contato. Tinha consciência desse problema em toda sua vida adulta mas, na época em que veio me procurar, esse comportamento estava realmente se agravando.

Alison era uma mulher charmosa e inteligente, de 38 anos. Estava casada com George havia doze anos, com quem tinha três filhos com idades entre cinco e dez anos. Ela amava muito seu marido e sua família e tinha consciência de ter tido muita sorte; a sua era uma família bem constituída e eles possuíam dinheiro suficiente não só para o que precisavam como também para extras e alguns mimos. Tudo estaria bem se não fosse essa obsessão de Alison com a limpeza.

Quando ela me procurou, estava em grande desespero. Sabia que estava fazendo algo fora do comum e que não havia necessidade disso; sua atitude estava começando a irritar seu marido e seus filhos, mas ela não conseguia parar. Até o pensamento de lama sendo trazida para dentro da casa no sapato de um dos filhos era suficiente para lhe causar pânico. Ela queria ajuda desesperadamente.

Quando lhe perguntei sobre seus antecedentes, ela me contou que era filha única de pais que já não eram jovens quando ela nasceu. Embora amassem a filha, eram muito austeros e colocavam grande ênfase em "ser bom", em "fazer a coisa certa", e muito pouco tempo era dedicado à diversão. Alison não culpava seus pais por isso; eles sempre foram bons para ela, apoiando-a quando saiu de casa para ir à universidade e elogiando as coisas boas que fazia.

30   Traumas de infância

Na universidade, ela conheceu George, que foi seu primeiro namorado. Dois anos mais velho do que ela e mais experiente, ele gentilmente a ajudou a aprender o lado físico do amor tanto quanto o emocional. Quase para sua surpresa, ela descobriu que realmente gostava do relacionamento sexual que tinham.

Eles não se casaram logo, nem mesmo viviam juntos. Preferiram esperar até conseguirem uma posição financeira razoável — algo que era importante para ambos. Quando chegou o momento de se casarem, Alison estava de fato feliz, e essa felicidade aumentou quando os filhos nasceram.

Além de mais velhos e de aparência cerimoniosa, os pais de Alison tinham fortes crenças religiosas. Sua mãe se esforçou para lhe falar sobre rapazes e sexo — um assunto que obviamente achava embaraçoso — e repetiu várias vezes para a filha que sexo não era uma coisa para ser curtida; era tão-somente necessária para se ter filhos.

Anos mais tarde, Alison e George, que ainda desfrutavam uma vida sexual saudável e feliz, sorririam das palavras da mãe e sentiriam pena de uma mulher que nunca conheceu a alegria que esse aspecto da vida pode trazer. Logicamente, Alison sabia que não estava fazendo nada de errado e que a opinião de sua mãe estava marcada pela criação muito rígida que recebera. No entanto, sem saber, ela sofria de uma enorme culpa por estar curtindo o sexo por si mesmo, já tendo tido seus filhos. Era essa culpa que inconscientemente tentava remover quando mergulhava nos seus hábitos obsessivos de limpeza.

Ao tratar com o tipo de problema causado por um mal feito sem intenção a uma criança, é vital para a pessoa envolvida ser capaz de entender o efeito que isso teve e a maneira como afeta sua vida adulta. Se isso não for feito, então não importa a ajuda que a pessoa receba, ela sempre terá um bloqueio subconsciente que a impedirá de superar o problema.

Depois que Alison se conscientizou da ligação entre seu comportamento e seu passado, foi capaz de entender por que tinha desenvolvido uma obsessão e pôde então romper o hábito sem medo de deparar com um bloqueio interior que impediria seu sucesso.

TRAUMA DELIBERADO

O tipo de trauma causado pela ação deliberada de outra pessoa é um assunto completamente diferente do trauma acidental ou não intencional. Com relação aos dois últimos, é possível entender e perdoar mas, com o trauma deliberadamente causado, isso não é tão fácil.

Em virtude da publicidade feita nos anos recentes em torno do abuso sexual do jovem, a maioria de nós tende a reagir como descrito acima quando escutamos falar de algum mal deliberado sendo praticado contra uma criança. É claro que existem muitas outras formas. A violência física não-sexual também pode fazer grande mal à auto-imagem da criança, assim como a crueldade mental e emocional. Esta última pode tomar muitas formas, incluindo ameaça de violência física, depreciação repetida da criança ou mesmo o fato de ignorá-la completamente.

Quando vemos uma pessoa que, de modo deliberado, infligiu um sofrimento físico ou mental a outra que não tem defesas, estamos vendo alguém que sente a necessidade de exercer poder e ter o controle sobre os outros. E quem pode ser facilmente controlado dessa maneira? Uma criança pequena que não pode se defender. As crianças pequenas — como os idosos, os frágeis e mesmo os animais — são particularmente vulneráveis porque não têm força física, emocional ou intelectual para evitar que alguém exerça poder sobre elas.

Assim como o valentão na escola escolhe como vítima a criança mais tímida ou aquela que parece ser a mais fraca, o

32   *Traumas de infância*

valentão adulto escolhe alguém muito mais jovem e muito menos forte do que ele. A última coisa que uma pessoa assim quer é alguém capaz de enfrentá-la — ou alguém que não reage de jeito nenhum. Esse valentão quer ver lágrimas, ouvir súplicas para parar, testemunhar o medo nos olhos da vítima; é a fraqueza da vítima que faz com que ele se sinta mais forte e mais poderoso.

Muitas vezes um mal terrível é feito à criança — e, por conseguinte, ao futuro adulto — por abusos desse tipo. A criança logo começa a se ver como alguém indigno de um tratamento melhor; começa a acreditar que a punição física ou mental lhe está sendo infligida porque ela realmente merece.

À medida que cresce, a mesma criança pode chegar a compreender que isso não era verdade, que não merecia o tratamento que recebeu. Isso, porém, é o que ela irá pensar com sua mente consciente e, onde há um confronto entre o consciente e o subconsciente, o subconsciente sempre vence. Ela terá as mensagens de inferioridade, de não merecer ser bem tratada, impressas em seu subconsciente e, até que atinja a idade em que se torna possível fazer esforços deliberados para apagar essas mensagens, elas ficarão ali.

Essas crenças interiores são autoperpetuadoras. Quando a criança se tornar um adulto, procurará automaticamente outras pessoas que façam dela uma vítima. (Afinal, já vimos que a mudança é difícil e desconfortável.) Assim, se esse adulto encontrar alguém que o ache maravilhoso e lhe diga isso, sentir-se-á embaraçado e pouco à vontade. Não é com isso que seu subconsciente está acostumado. No entanto, se encontrar um indivíduo cruel que sente estar ali uma vítima pronta para ser maltratada, que é violento ou o menospreza, ele poderá ficar infeliz mas se sentirá confortável. Esse é o mesmo hábito inconsciente que faz com que esposas espancadas voltem sempre para os homens que as feriram.

A coisa maravilhosa a ser lembrada é que a mudança é possível. Pode ser desconfortável no começo; pode exigir bastante esforço; mas *pode* ser alcançada. E, depois de alcançada, ela se torna permanente. Mesmo a pessoa que antes o maltratava já não pode ter o mesmo efeito devastador como no passado.

O ADULTO ALCOÓLATRA

Há um tipo de trauma que não se enquadra completamente em uma única categoria; na verdade, com freqüência, é uma combinação de vários.

O pai alcoólatra, muitas vezes, quando sóbrio, é gentil e amoroso; quando bêbado, porém, pode se transformar em um monstro e provocar grave dano emocional (e, em muitos casos, também físico) em sua família.

Chamamos a isso de ação "deliberada" por parte do adulto — afinal, *ele escolhe* tomar o primeiro drinque. Contudo, se considerarmos o alcoolismo uma doença, na época em que o vício já se instalou, o adulto que não está recebendo ajuda muitas vezes não pode ajudar a si mesmo.

Nada disso faz diferença para a criança em questão. Ela não só vive com medo do que o adulto pode fazer quando bêbado; vive também em uma situação terrível de nunca saber se hoje será um "bom dia" ou um "dia ruim". Essa incerteza pode causar tantos problemas quanto lidar com os extremos da situação causada pelo próprio álcool.

Ivone lembra-se de sua infância como uma época de medo perpétuo. Seu pai sempre foi alcoólatra, desde quando do podia se lembrar e certamente desde uma época em que ela ainda não era capaz de entender nem a palavra nem seu significado. Quando sóbrio, era um homem gentil e amoroso, profundamente envergonhado de sua situação e regularmente decidindo nunca mais beber. Por infelicidade, como muitas vezes é o caso, ele também acreditava que poderia vencer seu alcoolismo sem ajuda.

34 *Traumas de infância*

Quando bêbado, esse homem tranqüilo e carinhoso se tornava um monstro enraivecido e destruidor. Embora nunca batesse em sua esposa e nos filhos, ele gritava e xingava e destruía móveis, jogando as cadeiras longe e quebrando a louça que via a sua frente.

Em toda a infância, Ivone e seu irmão menor viveram com medo das noites, dos finais de semana e dos feriados, nunca sabendo como o pai estaria. Nunca convidavam colegas da escola para virem à casa com medo de que o dia fosse o que a mãe chamava de "dia ruim". Como não convidavam ninguém, também não eram convidados para um lanche ou festas de aniversário. Era uma vida triste e solitária para as crianças, que só tinham um ao outro. Em muitas ocasiões, eles se abraçavam nos degraus da escada, ouvindo os ruídos que o pai fazia em sua violência contra os objetos da cozinha, enquanto a mãe chorava sem consolo em um canto.

A família não tinha muito dinheiro pois o pai convertia grande parte de seu salário em álcool, deixando a esposa apenas com o suficiente para comprar o essencial para a família. Muitas vezes as contas ficavam sem pagar e os serviços de fornecimento para a casa eram cortados.

Ivone, já adulta, não podia entender como sua mãe não tinha levado os filhos para longe, deixando esse homem que lhes causava tanta infelicidade. Embora seu pai tenha morrido quando ela estava com apenas vinte anos, nunca encontrou coragem para perguntar isso à mãe. Até que me procurou para que a ajudasse a resolver seus próprios problemas, ela vivia à margem da vida, sem nunca fazer amizades, sem formar relacionamentos verdadeiros, nem realizar seu potencial.

Alguém que tenha sofrido trauma na infância — seja de que tipo for — se acostumará a se comportar e a reagir de uma determinada maneira, muitas vezes sem parar para se perguntar por que age assim. O exercício a seguir tem como

Tipos de trauma 35

objetivo ajudar você a se conscientizar de si mesmo e de seus sentimentos verdadeiros; é o primeiro passo para aceitar que pode agir da maneira que escolher e não como reação a uma programação infeliz feita por alguma pessoa ou em decorrência de algum evento em seu passado.

Exercício — conscientização

- Tenha o hábito de parar várias vezes durante o decorrer do dia para pensar sobre o que está sentindo. Isso não precisa levar mais do que um ou dois segundos. Pergunte a si mesmo se sente frio ou calor, se está cansado ou alerta, triste, feliz, amedrontado ou zangado. Nesse momento, não pare para se perguntar *por que* está se sentindo assim — apenas aprenda a ter consciência do que está sentindo.
- Talvez você possa manter uma "agenda de conscientização", anotando apenas palavras simples que possam fazê-lo se lembrar de como estava se sentindo quando parou para se observar. No final do dia, dê uma olhada nas anotações e verifique quais foram os sentimentos dominantes.
- Depois de fazer isso por alguns dias, tente descobrir os motivos que o levam a se sentir assim. Os motivos físicos são os mais fáceis de perceber — você está com frio porque a temperatura mudou, ou desconfortável porque seus sapatos estão muito apertados. Quando se tratar de suas emoções, observe se realmente tem um motivo ou se apenas adquiriu o hábito de se sentir de determinada maneira.

Não estou pedindo que você tente mudar alguma coisa neste momento. As mudanças começarão a acontecer com os exercícios dos capítulos seguintes. Mas, se você não estiver em sintonia com seu corpo e sua mente, como pode esperar que essas mudanças ocorram?

CAPÍTULO 3

Ninguém tem culpa

Nem tudo o que acontece com uma criança — e causa algum trauma — ocorre em conseqüência da ação deliberada de outra pessoa. Às vezes, as coisas que são apenas parte da vida podem ser tão devastadoras para a criança envolvida que continuam a afetá-la para sempre — ou pelo menos até o momento em que ela decide fazer algo a respeito.

É claro, também, que eventos similares terão efeitos diferentes sobre crianças diferentes por causa da personalidade de cada uma. Outra consideração importante é se o evento é único ou um de uma série. O primeiro, provavelmente, será muito mais traumático, pois a criança não terá tempo de se acostumar com a situação em função da repetição envolvida. (Há muito mais horror em ver um pai normalmente sóbrio tornar-se um bêbado violento do que viver em uma casa onde isso é a norma, por mais terrível que seja a situação.)

Vejamos, por exemplo, o caso de uma doença. Todos já ouvimos falar de crianças cujas vidas tiveram a infelicidade de serem prejudicadas por uma doença grave — algumas vezes por todo o tempo de que conseguem se lembrar. Com freqüência nos maravilhamos com essas crianças e a maneira calma e natural com que enfrentam seus problemas de saúde e as limitações que isso lhes impõem.

Um problema repentino de saúde, no entanto, é muito diferente, particularmente se acontece quando a criança é pequena demais para entender o que está acontecendo.

Roberto tinha 42 anos quando veio me procurar. Um homem sério e solene, ele me explicou que constantemente sentia medo — embora em muitos momentos nem soubesse a que o medo se referia. Por causa disso, era incapaz de tomar decisões, temendo que as coisas saíssem erradas. Assim, em vez de mudar de emprego, fazer amigos, seguir interesses ou começar relacionamentos, Roberto ficava em seu pequeno apartamento, aventurando-se a sair só para ir ao emprego ou fazer compras essenciais. Detestava ser como era, mas não conseguia mudar somente com sua força de vontade.

Decidi pesquisar a infância de Roberto. No começo, tudo o que ele me contou parecia normal e bastante agradável. Ele tinha nove anos a mais que o irmão e, por causa do medo que existia desde antes do bebê nascer, sempre achou que era inferior a ele em muitos aspectos. Mas seus pais eram gentis e amorosos e, embora nunca houvesse muito dinheiro, os meninos eram bem alimentados e bem vestidos. Ganhavam presentes para brincar e, ainda mais importante, os pais lhes dedicavam tempo e atenção.

No decorrer de uma das consultas, Roberto mencionou que tinha sofrido de tuberculose com a idade de três anos. Sob hipnose, lhe perguntei o que se lembrava dessa época e ele ficou muito emocionado quando me descreveu a seguinte cena .

A primeira coisa que Roberto soube — além do fato de não estar se sentindo muito bem — era que duas pessoas mascaradas estavam levando-o para longe de sua mãe. Elas nada disseram e ele se lembrava da mãe em um canto, chorando.

A imagem seguinte era a de uma cama em um grande quarto vazio — certamente, uma ala isolada do hospital. E os quartos infantis de hospitais eram muito diferentes naquela época — sem cores alegres, nem figuras estimulantes, nem livros ou brinquedos. Tudo o que ele via eram paredes

38   *Traumas de infância*

beges e camas vazias. No fundo do quarto havia uma janela para um corredor e de vez em quando Roberto via sua mãe olhando para ele e chorando. Ele não podia entender por que ela não entrava e o tirava daquele lugar horrível.

Ninguém foi rude com Roberto; a equipe de enfermeiras fez todo o possível para cuidar dele com os remédios e garantir sua limpeza e alimentação. Porém, ninguém realmente passava o tempo com ele. Ninguém conversava com ele, nem brincava, nem lhe dizia que tudo ficaria bem, nem tentava explicar que logo ele voltaria para casa.

Depois que se recuperou, Roberto voltou para casa e a vida continuou como antes. Mas *ele* já não era a mesma criança. Sem ser capaz de expressar isso em palavras, vivia com medo constante de ser levado outra vez para longe de sua mãe e deixado em algum imenso quarto vazio por semanas sem fim.

Como já vimos, todo medo que não é tratado *sempre* aumenta e, à medida que o tempo passava, Roberto estendia seu temor a vários outros aspectos da vida, nenhum dos quais tinha alguma ligação direta com o trauma original. Por isso ele achava tão difícil descobrir a verdadeira origem de seus problemas.

Mesmo as doenças que são menos graves e que não necessitam de hospitalização podem trazer seus próprios problemas. Se a criança tem de passar por uma ausência prolongada da escola, pode achar muito difícil recuperar o andamento da classe ao voltar. Dependendo de sua idade e do tipo de trabalho que estiver fazendo, ela pode adquirir uma ansiedade excessiva sobre os exames e todo um círculo vicioso entra em ação. A ansiedade por si só é suficiente para ocasionar um resultado ruim nos exames. Então a preocupação torna-se maior. "Imagine se eu não conseguir passar de ano; será que ainda poderei ir para a universidade/serei capaz de seguir minha carreira/terei uma chance para tentar de novo?" De repente, o mundo é um lugar

Ninguém tem culpa 39

muito mais estressante do que antes. E tudo porque você ficou alguns dias de cama com sarampo!

Estar envolvido em um acidente é traumático para qualquer um, em especial para uma criança. E isso não necessariamente tem alguma coisa a ver com a gravidade do acidente pois, na verdade, a criança tem menos condições de entender a gravidade de uma situação do que um adulto. Para ela, dor é dor, barulho é barulho, pânico é pânico. É muito menos capaz do que o adulto de pensar que poderia ter sido pior.

É fácil entender como alguns acidentes realmente terríveis podem levar a fobias e ansiedades futuras. A criança que quase se afogou pode crescer com um pavor extremo de água; a que caiu de um cavalo — a menos que rapidamente possa receber ajuda para readquirir a confiança — talvez nunca seja capaz de cavalgar outra vez. Tive uma paciente que passou sua infância em Londres, durante a Segunda Guerra Mundial, e ficou presa durante várias horas nas ruínas de um edifício bombardeado. Fora alguns arranhões, ela não se machucou fisicamente e os escombros tinham caído de tal maneira que ela teve ar suficiente para respirar. Mas não é preciso ser um *expert* para saber por que, ao crescer, ela ficou com claustrofobia. É impossível no momento estimar como as vítimas sobreviventes de uma tragédia como o massacre ocorrido em uma escola em Dunblane, na Escócia, sofrerão com o passar dos anos. Pelo menos elas terão ajuda à mão, caso precisem.

Hoje, entendemos muito mais sobre traumas e, em caso de acidente grave, com freqüência se oferece aconselhamento. E quanto a todos aqueles pequenos acidentes — os que as pessoas mal notam —, que efeitos podem ter na vida futura de uma criança?

Rose e suas amigas adoravam brincar de pular corda. Duas ficavam girando a corda enquanto as outras corriam para dentro e para fora, pulando. Em uma ocasião, o pé

40 Traumas de infância

de Rose prendeu-se na corda e ela caiu, machucando muito o rosto.

As meninas pulam corda há séculos e, naturalmente, muitas caíram sem que isso afetasse o futuro delas de alguma maneira. Mesmo Rose já tinha caído antes. Mas, por alguma razão, ela ficou mais perturbada dessa vez. Talvez por ter machucado o rosto e não o joelho, talvez por ter se sentido uma tola diante das amigas, ou talvez apenas por estar mais vulnerável naquele dia.

Fosse qual fosse a razão, Rose nunca mais brincou de pular corda. Sempre que era a sua vez de entrar na corda, lembrava-se da queda e não tinha coragem de participar.

Por que isso afetaria seu futuro? Afinal, é perfeitamente possível viver uma vida inteira sem precisar brincar de pular corda, não é? Lembremo-nos, contudo, que as outras meninas eram amigas de Rose e assim, ao não ser capaz de se juntar a elas na brincadeira, Rose se sentia "diferente". Para piorar, ao verem o que estava acontecendo, algumas chamavam Rose de covarde e zombavam dela por não ser capaz de pular — uma coisa que todas consideravam fácil demais. Tudo isso serviu para diminuir a auto-estima de Rose. À medida que crescia, o motivo original para a quebra de sua autoconfiança desaparecia gradualmente mas seu efeito permanecia, deixando-a nervosa com muitas coisas. Assim, quando as amigas iam andar de patins, Rose inventava a desculpa de ter que ir ao dentista. Quando andavam no muro ou trepavam nas barras do parque da escola, Rose não conseguia acompanhá-las.

O tempo passou e a infância ficou para trás. Mesmo assim, Rose era a que ficava nervosa ao ir para a discoteca local e conhecer novas pessoas ou ao ir para a entrevista de um emprego que realmente queria. Ela ainda se via como a pessoa que não podia fazer o que as outras podiam.

Existem poucas coisas piores para uma criança do que a sensação de estar isolada e ser diferente. Mesmo quando

Ninguém tem culpa 41

não estão sendo intencionalmente cruéis, muitas vezes as outras crianças não pensam no que estão fazendo e aumentam esses sentimentos. Estou pensando aqui em duas pessoas em particular.

A primeira — eu a chamarei de Jonathan — tinha miopia quando criança, embora seu problema só tenha sido diagnosticado mais tarde. Por causa disso, ele era incapaz de avaliar corretamente a velocidade ou a direção de uma bola. Como meninos em qualquer lugar do mundo, muitos de seus colegas de escola passavam boa parte do tempo jogando bola. Futebol, basquete, tênis — todas essas modalidades requeriam coordenação, que Jonathan não tinha, entre mão e olho. Assim, ele se tornou o desajustado, aquele que era sempre o último a ser escolhido nas aulas de esporte, aquele que ninguém queria em seu time.

A lógica nos diz — e disse a Jonathan quando ele cresceu — que havia um motivo razoável para isso. Certamente ninguém queria em seu time o garoto que nunca acertava a bola. Mas na época tudo o que Jonathan sentia era o fato de ser rejeitado, e isso acontecia duas vezes por semana nas aulas de educação física. Esse sentimento de rejeição continuou até ele se tornar um adulto e decidir fazer algo a respeito.

O outro caso que me vem à mente é o de Margô, que nasceu com um pé deformado, o que a fez usar um aparelho na perna até os doze anos. Antes que ela fosse à escola, a professora explicou sua situação às outras crianças e pediu-lhes que fossem gentis e não fizessem comentários maldosos sobre o assunto com a menina. As crianças a trataram muito bem. Ninguém riu dela e amigavelmente sempre a incluíam em suas brincadeiras. Um dia, porém, a mãe de Margô ficou preocupada. Sua garotinha chegou da escola aos prantos. Não, ela respondeu ao questionamento da mãe, ninguém a maltratara. Acontece que as crianças

42 *Traumas de infância*

haviam tido aula de dança aquela tarde e ninguém quis dançar com ela.

Como Jonathan, a Margô adulta podia facilmente entender por que as outras meninas preferiam dançar com um parceiro ativo e não com alguém que carregava o estorvo de um pesado aparelho. Entretanto, como Jonathan, o sentimento da época não era o do entendimento racional e sim o da rejeição pessoal, que persistiu até bem depois de o seu pé ter sido consertado e o aparelho, removido.

Você alguma vez se perdeu quando era criança? Eu me perdi e, embora tenha sido uma experiência breve, ainda posso me lembrar do sentimento de pânico absoluto quando não pude ver meus pais em nenhum lugar. Na verdade, meus pais não estavam realmente muito longe e podiam me ver muito bem. Portanto, não demorou para me reencontrarem.

Isso é o que acontece quando a criança muito pequena é separada temporariamente de um adulto. Com muita freqüência, a criança sai para olhar algo que chamou sua atenção e, como é muito pequena, tudo o que vê a seu redor são as pernas das pessoas; facilmente pode perder de vista a mãe, o pai, ou seja quem for que estiver tomando conta dela. Como em meu caso, essa separação em geral é muito breve e todo o episódio não causa um prejuízo duradouro à criança.

É bem diferente, porém, quando essa separação dura um período maior. Até mesmo meia hora é o suficiente para que a sensação de pânico e abandono cresça em proporções enormes. Se for muito pequena, não perceberá os perigos que podem espreitar uma criança sozinha, sabe apenas que perdeu sua "rocha de segurança", a pessoa na qual confia e de quem espera proteção e cuidado. Quanto mais tempo durar essa situação, maior será o provável efeito que causará no adulto no qual ela se transformará.

Ninguém tem culpa   43

Alguns desses temores vividos em tenra idade são absorvidos da atmosfera circundante. Se um adulto tem um medo específico, é muito difícil que não o transmita para uma criança pequena, por mais que tente.

Bárbara se lembrava de ter pavor de trovoadas desde pequena. Sabia que esse medo se devia à avó, que insistia em que todas as luzes fossem apagadas, todos os espelhos cobertos com panos, todas as cortinas fechadas para evitar olhar pelas janelas e todos deveriam permanecer em silêncio até que a tempestade passasse.

Quando se tornou adulta e aprendeu um pouco mais sobre tempestades e o que as causa, Bárbara foi capaz de assumir uma atitude mais lógica. Mas a lógica fugia pela janela logo que o ruído distante de uma tempestade se fazia ouvir.

Depois que sua filha Helena nasceu, Bárbara decidiu que não queria que a criança experimentasse o terror que ela sentia e se esforçava até seu limite para se controlar sempre que trovejava. Não corria mais para fechar as cortinas e cobrir espelhos; ao contrário, fazia todos os esforços para parecer o mais normal possível enquanto brincava com a filha pequena.

Antes mesmo de ser capaz de falar, Helena entrava em pânico se ouvisse um trovão ou visse um raio. Isso não era o resultado de nenhuma herança genética. A criança sentia a diferença em sua mãe nesses momentos — talvez um aperto na voz ou uma tensão no corpo — e imitava seu comportamento sem mesmo compreender o que supostamente a estaria assustando, ou por quê.

Esse tipo de absorção de medo não é culpa de ninguém. A mãe fez o melhor possível ao não reagir com ansiedade, mas, por causa da ligação entre mãe e filha, esta simplesmente captava o que acontecia com a mãe e a imitava. As tempestades se tornaram traumáticas para ela de uma

44 Traumas de infância

forma que não acontecia com as outras crianças — mesmo com as que não gostavam de tempestades.

Saber que isso a fazia "diferente" de alguma forma levou Helena a sentir-se inferior a suas contemporâneas. Tinha vergonha de sentir-se assim, no entanto era incapaz de fazer algo a respeito (até o dia em que procurou ajuda). Apesar de não ser o suficiente para arruinar sua vida quando se tornasse adulta, certamente diminuía seu nível de autoconfiança, e isso se estendia a muitos aspectos de sua vida.

É importante lembrar também que, quando crianças, tendemos a considerar verdadeiro tudo o que os adultos dizem. Embora hoje seja menos comum escutar um pai ameaçando uma criança com algo do tipo "O bicho-papão vai te pegar", posso citar pelo menos três pacientes aos quais se dizia, quando eram crianças, que "Se não se comportar, vou embora e deixo você", ou "Se não for bonzinho, mando-o para a casa dos meninos maus".

Em todos os casos, as frases eram usadas por mães que na verdade amavam e cuidavam de seus filhos, mas que provavelmente estavam exaustas no final de um dia particularmente cansativo. A desgraça disso é que as crianças entendiam tais ameaças pelo seu valor literal. Um dos garotinhos chegava mesmo a esconder suas roupas embaixo da cama sempre que sua mãe ficava aborrecida, pensando que, se ela não as encontrasse, não poderia fazer sua mala e mandá-lo para longe.

Outra frase usada e que preocupava as crianças era uma que muitos provavelmente já disseram em alguma ocasião, sem nem pensar em seu significado. "Quase me matou", disse uma mãe quando conversava sobre o parto de seu filho mais novo. "Vou matá-lo quando voltar para casa", disse outra a respeito do filho mais velho que tinha deixado o quarto desarrumado, depois de ter prometido limpá-lo.

Ninguém tem culpa   45

É óbvio que nenhuma dessas mulheres queria que suas palavras fossem tomadas literalmente, mas em cada caso ela foi dita no ouvido de uma criança pequena demais para ser entendida de outra maneira. E, embora a vida de nenhuma dessas crianças tenha sido afetada em grande medida por essas palavras, ambas cresceram e se tornaram pessoas ansiosas e com pouca auto-estima.

Em geral, as crianças pequenas têm um sentido de justiça altamente desenvolvido e qualquer coisa injusta as magoa muito. Ser acusado de algo que você não fez ou culpado por algo que não foi falha sua já é muito ruim; quando isso é seguido, como acontece muitas vezes, pela recusa em escutar a sua versão da história, a mágoa é muito maior.

Conheço uma família em que a diferença de idade entre as duas irmãs é de um ano. Elas estão agora com dez e nove anos e o mesmo padrão de comportamento persiste desde que eram bebês. A irmã mais nova atormenta continuamente a mais velha — puxando seu cabelo, escondendo suas coisas, quebrando seu lápis. A mais velha, que é por natureza uma criança tranqüila, acaba não suportando mais e às vezes lhe dá um tapa ou um empurrão — e a mais nova começa a chorar e corre para a mãe, mostrando a marca vermelha ou o machucado. A mãe, que não viu nada do que aconteceu, invariavelmente repreende a mais velha por bater na menor. Se a maior tenta se defender e contar à mãe, o que realmente aconteceu, a mãe lhe diz "para crescer e parar de contar mentiras bobas".

Que tipo de auto-imagem essa irmã mais velha está criando? Provavelmente vai acabar acreditando que sua mãe prefere a mais nova e que, portanto, ela é uma pessoa com menos valor. Pode passar a se considerar sempre uma pessoa "secundária".

Se um sentimento assim pode resultar de injustiças comparativamente pequenas, imagine que dano pode ser

46   Traumas de infância

causado ao eu interior de uma criança quando não se lhe dá crédito em alguma ocorrência muito importante. Ser acusado de mentir ou roubar quando se tem certeza de nada ter feito de errado é realmente doloroso em qualquer idade, mas em especial quando se é jovem e ninguém acredita no que você diz.

Um rapaz — eu o chamarei de Alan — me contou da época em que tinha onze anos e um dinheiro desapareceu da bolsa de sua mãe. Não era uma quantia muito alta mas, é compreensível, grande estardalhaço foi armado sobre seu desaparecimento. Por algum motivo, todos acharam que a culpa era de Alan — embora ele afirmasse que não era — e o acusaram. Ninguém acreditou em suas negativas e, no final, ele foi punido duas vezes — uma por roubar o dinheiro, outra por mentir. Alan tinha 25 anos quando me falou sobre isso. Seus pais provavelmente já haviam esquecido o incidente — mas ele não!

Você certamente percebeu que os exemplos deste capítulo vão do comparativamente trivial ao grave. Mesmo assim, cada um teve seu efeito sobre a criança em questão. O exercício a seguir tem o propósito de ajudá-lo a reconhecer e entender coisas semelhantes que podem ter-lhe acontecido e que, embora não tenham arruinado sua vida, podem bem ter contribuído para algum sentimento negativo que você possa ter sobre si mesmo.

Exercício — entendendo

- Faça uma lista de todas as coisas de que se lembra que podem ter lhe causado sofrimento emocional quando criança. Pode ser algo realmente sério — como ter sido hospitalizado — ou algo menor. Não tente fazer sua lista em apenas um dia; deixe que as lembranças apareçam

Ninguém tem culpa 47

gradualmente durante vários dias, ou mesmo em uma ou duas semanas.

- Agora, considerando individualmente cada incidente, faça a si mesmo as seguintes perguntas. Talvez você ache útil escrever suas respostas para que possa voltar a elas se alguma dúvida aparecer.

1. Examinando o incidente de maneira objetiva, você pode entender por que ele teve um efeito traumático sobre você?

2. Como adulto, você pode ver agora por que a situação aconteceu? (Ex.: por que você foi levado ao hospital [você estava doente]; por que ninguém queria você no time [você não jogava bem]; por que entrou em pânico com aquela tempestade [sua mãe tinha medo]).

3. Como nenhuma dessas coisas aconteceu por maldade deliberada da parte de alguém (vamos lidar com esses tópicos mais adiante), você pode entender e perdoar as pessoas envolvidas por inadvertidamente o terem magoado? (Ex.: o médico que o tirou de casa e o levou para o hospital; o líder do time que naturalmente queria escolher os melhores jogadores para que pudesse ganhar; a mãe que nem tinha conhecimento de estar passando seus próprios medos para o filho.)

4. Se pode entender e, quando necessário, perdoar as pessoas que lhe causaram danos, você pode agora entender e perdoar a si mesmo por ter deixado esses incidentes afetarem sua vida?

O que você está tentando fazer aqui é mudar sua percepção interior dos eventos que aconteceram tempos atrás. A menina que era a última a ser escolhida para o time de vôlei terá entendido isso como um sinal de que não gostavam dela. Se ela responder às questões do exercício deste capítulo, vai entender que ninguém estava dizendo que não gostava dela — apenas que ela não era boa no vôlei. Isso

48   *Traumas de infância*

pode ter sido verdadeiro mas, já que todos somos bons em algumas coisas e não somos bons em outras, isso realmente não importa, não é?

Mude a percepção interior do que aconteceu no passado e estará mudando os efeitos em seu eu interior. Faça isso e terá dado outro grande passo em direção a uma auto-estima mais elevada — e, por conseguinte, a uma vida melhor.

CAPÍTULO 4

Trauma acidental

Talvez seja melhor começar este capítulo explicando o que quero dizer com "trauma acidental". Não estou me referindo a acidentes que aconteceram. Na verdade, algumas das ocorrências podem ter sido realmente muito deliberadas. Estou me referindo a situações e eventos sobre os quais a criança não teve nenhum controle.

Algumas vezes esses eventos podem ter envolvido diretamente a criança, como mudança de casa, mudança de escola e assim por diante. Outras vezes, ela terá sido a espectadora de coisas que aconteceram a pessoas ao seu redor. Talvez alguém tenha se hospitalizado ou teve de se ausentar por alguma razão lógica e válida. Embora isso não esteja acontecendo à própria criança, os efeitos sobre ela podem ser extremados.

Não estou tentando sugerir que os acontecimentos enumerados neste capítulo necessariamente causam efeitos traumáticos e duradouros em toda criança. Muito dependerá da idade da criança em questão, da estabilidade de vida que teve até então e da maneira como os adultos envolvidos lidam com a situação.

O importante é que, se você sente que sua felicidade é menor do que deveria ser e você não sabe a razão, é possível que o tipo de eventos descritos neste capítulo tenha a ver, em alguma medida, com a criação dessa situação.

Igualmente importante é que todos nós fazemos o possível para que o mesmo tipo de trauma não se manifeste em nossos filhos. Quando temos uma idéia do que pode ser a causa, é mais provável que tenhamos sucesso.

50 *Traumas de infância*

PERDA DE UM DOS PAIS

Uma das coisas mais devastadoras que pode acontecer a uma criança é a perda de um dos pais. Isso pode ser devido à morte ou, cada vez mais, porque os pais se separaram e um deles foi embora. Em alguns aspectos, o último caso é mais perturbador porque, como um dos meus pacientes me falou, "Se meu pai tivesse morrido, eu poderia acabar aceitando, sabendo que ele não tinha escolha sobre a questão. Mas nunca pude aceitar o fato de saber que ele *escolheu* nos deixar".

MORTE DE ALGUÉM PRÓXIMO

Acredito firmemente que, por menor que seja a criança, ela deve participar de toda a ação que a família empreende depois da morte de um de seus membros. Em muitos casos isso significa seguir um procedimento estritamente religioso, enquanto em outros pode ser um pouco mais informal. Mas, qualquer que seja a decisão, a criança deve estar presente.

Algumas vezes a mãe — ou outro membro próximo da família — acha que está fazendo o melhor para seu filho ao deixá-lo fora dos sinais exteriores de sofrimento e de qualquer tipo de cerimônia que se segue à morte. No entanto, agindo assim, o estará privando do direito de também chorar, se ele quiser. Não há dúvida de que a criança deve poder ver que os outros ficaram infelizes com a morte ou poderá crescer acreditando que ninguém se importava com a pessoa que morreu, ou que — seja o que for que sinta — ela não deve mostrar suas emoções mais profundas.

A criança também tem o direito de dizer adeus a sua própria maneira, para que possa fechar um capítulo determinado de sua vida. Mesmo se for muito jovem e realmente incapaz de entender o conceito de morte, ficará registrado

Trauma acidental   51

em seu subconsciente que ela participou do evento. Quando crescer e chegar a hora de entender o que aconteceu, será mais fácil relacionar as coisas se estiver estado presente nos momentos relevantes.

Conheço uma mulher que infelizmente ficou viúva quando seu filho ainda não tinha quatro anos. Seu esposo morreu em um acidente de trabalho e assim, tendo saído de casa normalmente como fazia todas as manhãs, ele nunca retornou.

A mãe tentou explicar ao filho, em termos simples, o que havia acontecido e então, achando que estava fazendo o melhor para ele, mandou-o para a casa de uns amigos durante alguns dias. Quando a criança retornou a casa, tudo havia terminado. O pai já havia sido enterrado, a mãe tinha conseguido controlar suas lágrimas e chorava apenas à noite em seu quarto, e a vida retomou sua aparência de normalidade.

Seu pai, porém, não estava lá. E ninguém parecia mencionar o fato, além de dizer que "O papai está no céu" — o que não significa muita coisa para um menino de três anos. Quando essa criança se tornou adulta, sua mente lógica lhe disse que sua mãe havia feito o que achava ser o melhor, mas — a menos que faça algo para superar isso — sempre levará consigo o sentimento de ter sido abandonado.

As palavras usadas no momento de um luto também podem ter efeito negativo sobre uma criança pequena. "A vovó foi dormir" ou talvez a visão do falecido com os olhos fechados possam formar uma relação na cabeça da criança entre sono e morte, levando a pesadelos e insônia.

Mesmo as frases usadas com freqüência — "Foi para o céu", "Foi morar com Jesus" ou "Foi com os anjos" — podem criar na criança um medo de igrejas.

Uma paciente, uma mulher de seus trinta anos, veio me ver porque tinha fobia de sino de igrejas para a qual não conseguia uma explicação. Só quando, sob hipnose, ela

52 *Traumas de infância*

voltou à idade de cinco anos foi capaz de encontrar uma explicação.

Um tio-avô, um homem que ela conhecia bem e de quem gostava muito, havia morrido. Tentando tornar as coisas mais fáceis para a menina, seus pais lhe disseram que "Seu tio foi viver com Deus". Era uma família muito religiosa, que ia sempre à missa. Sob hipnose, minha paciente lembrou-se claramente de estar indo para a igreja, escutando os sinos tocarem e sentindo o medo enorme de pôr o pé dentro do templo, que poderia estar cheio de pessoas mortas. Ela nada disse na época mas, com o passar dos anos, aquele medo transformou-se em uma fobia de sinos de igreja, grande o suficiente para torná-la prisioneira em sua própria casa todo domingo de manhã.

SEPARAÇÃO E DIVÓRCIO

Separação e divórcio são, obviamente, eventos traumáticos para todos os envolvidos, mas algumas vezes os pais não compreendem bem o enorme efeito que isso tem sobre a criança.

Ainda que não expresse essa visão para ninguém, a maioria das crianças acredita que é, de algum modo, culpada pelo rompimento do casamento dos pais. Acham que, se tivessem sido mais boazinhas, se comportado melhor ou estudado mais, o pai não as estaria deixando agora.

Eu sei que às vezes é a mulher que abandona a família, contudo ainda é mais comum que as crianças permaneçam com as mães. Quando é a mãe que deixa a família, o trauma no que se refere à criança é ainda maior, exigindo grande amor e compreensão por parte do pai.

Em muitos casos, os pais estão tão envolvidos em suas batalhas emocionais e financeiras que falham em compreender o efeito de suas atitudes nos filhos. Ainda que tentem manter as discussões e os acertos para os momentos em que as crianças não estão por perto, buscando comportar-se normalmente, isso não funciona. As crianças são extremamente sensíveis à atmosfera ambiente e terão plena consciência de que alguma coisa está muito errada — mesmo sem saber ao certo o que é essa "coisa". Por isso é tão importante que, sejam quais forem suas próprias diferenças, os pais tenham muito cuidado ao explicar ao filho que ele ainda é amado por ambos e que não é, de jeito nenhum, responsável pelo rompimento da relação.

Embora eu ache que seja uma tragédia o fato de haver tantos divórcios e separações hoje em dia, de certa maneira isso faz com que a situação seja mais fácil para a criança. Se ela for grande o suficiente para entender o que está acontecendo, certamente conhecerá outras famílias em que a mesma coisa ocorreu e essa experiência compartilhada pode fazer com que se sinta menos isolada.

O que acontece depois do divórcio é muitas vezes mais difícil do que a própria separação. Imagine o que deve ser ficar dividido entre os pais, ambos os quais você adora, e cada um insistindo em lhe dizer como o outro é terrível. Não é de admirar que algumas crianças se tornem neuróticas enquanto outras se tornam manhosas e manipuladoras, aprendendo rapidamente como jogar um pai contra o outro para obter vantagens.

E se um dos pais desaparece completamente da cena? Às vezes isso acontece porque o pai (se é ele quem deixa a família) não se importa com seu filho; às vezes, ele pode sinceramente pensar que está fazendo o melhor saindo da vida da criança para sempre em vez de passar os anos como o "pai de domingo" com seus prazeres, mas também com seus problemas. Pode ser também que ele vá viver muito longe, tornando o contato regular com a criança difícil ou mesmo impossível.

Seja qual for a situação, a criança aprenderá a enfrentá-la desde que *saiba* que seu pai ainda a ama e se importa com

54   Traumas de infância

ela. Se a distância ou problemas financeiros tornarem os encontros difíceis, sempre há a possibilidade dos telefonemas e dos serviços postais. O contato regular com um pai ausente, por carta ou telefone, pode ajudar a garantir à criança que ela é amada e que seu pai se importa com ela, apesar de não poder vê-la.

MADRASTAS E PADRASTOS

Às vezes a criança pode se encontrar na situação de ter uma madrasta ou padrasto introduzidos em sua vida, e isso pode ser bem difícil. Pode ser difícil também para os adultos envolvidos, mas são eles que estão fazendo a escolha ao entrar em um relacionamento com alguém que já tem filhos. As crianças, no entanto, raramente são ouvidas na questão.

Desde que a situação seja bem conduzida por todos os adultos envolvidos, o fato em si não é necessariamente traumático. Sei de pelo menos três situações em que as crianças (agora adultas) cresceram com ótimo relacionamento com seus padrastos ou madrastas. Mas pense em como deve ser difícil para a criança se esse não for o caso.

O pai de Mateus casou-se de novo quando o menino tinha dez anos. Sua mãe havia morrido quando ele era um bebê e Mateus não tinha uma lembrança clara dela, uma vez que foi criado pelo pai e pela avó.

A nova esposa já tinha um filho e uma filha um pouco mais velhos que Mateus e tornou-se cada vez mais óbvio que ela favorecia seus filhos e apenas tolerava Mateus. Ela era esperta o bastante para não deixar isso transparecer quando o esposo estava por perto mas, quando ele estava no trabalho, o pobre Mateus passava maus momentos. Sua madrasta não era fisicamente cruel com ele, porém fechava os olhos quando Mateus era maltratado por seus filhos. E sempre era ele quem devia fazer as tarefas enquanto os outros brincavam; era Mateus que não recebia ajuda quando a lição da escola era difícil; era Mateus que ficava sem bolo na hora do lanche.

Conheci Mateus quando ele tinha seus trinta anos e o que o afetava não era o comportamento da madrasta e dos filhos dela. Não lhes dava importância e permaneceu imune às suas atitudes. Mas eles tinham criado um abismo entre seu pai e ele, e por isso Mateus não os perdoava. De fato, inicialmente ele não tinha sido capaz de perdoar o pai por não ter acreditado nele quando, ainda menino, tentava lhe contar o que estava acontecendo. Como não presenciara nada, o pai — ainda enamorado da esposa — acusara Mateus de mentir e tentar tornar as coisas difíceis para os outros membros da família. Essa era a injustiça que realmente fizera Mateus sofrer, tanto na infância como na vida adulta.

ADOÇÃO

Quanto mais informação for dada à criança pequena, menos traumática será a adoção. Tenho vários amigos e conhecidos que foram criados por pais adotivos amorosos e que foram — e ainda são — muito felizes. São pessoas a quem foi dito que eram adotadas antes mesmo que pudessem entender completamente o conceito; elas, portanto, cresceram com esse conhecimento. Também lhes foram dadas informações sobre a mãe natural, de maneira que esta não se transformasse em uma vilã, e sim em alguém que pensou estar fazendo o melhor para seu filho, assegurando que fosse criado em um ambiente estável e amoroso. Duas das pessoas que conheço nunca tiveram o desejo de procurar a mãe natural, mas as outras sim — e os pais adotivos fizeram o que estava a seu alcance para ajudá-las.

Algumas vezes, encontrar a mãe natural pode ser uma experiência boa e outras vezes não. Mesmo se não for uma

56 *Traumas de infância*

experiência negativa, pode deixar a criança adotada se sentindo um pouco "esvaziada", se não puder achar nada em comum com a mulher que buscou tanto conhecer.

Seja qual for o resultado da busca e do encontro, geralmente não se constituirá em causa de perturbação emocional a longo prazo porque a "criança" provavelmente já terá mais de dezoito anos e terá tido ajuda para se preparar para o encontro, tendo pensado em todos os resultados possíveis.

O verdadeiro trauma é causado na criança que de repente descobre que foi adotada depois de acreditar que era filha natural daqueles que conhecia como mãe e pai. Além de ter de enfrentar a rejeição inicial da mãe natural, há o fato de seus pais adotivos a terem enganado.

Em muitos casos esse engano se dá mais por medo e ignorância do que por malícia. Alguns pais adotivos pretendem contar a verdade à criança, mas parecem nunca encontrar o momento certo; outros acham que estão fazendo o melhor possível mantendo a questão em segredo.

A maioria dos pais adotivos (ou de criação) é bem-intencionada, ama a criança que adotou e faz o possível para criá-la bem. Existem, no entanto, exceções para cada regra e, se os pais adotivos forem grosseiros ou descuidados, a criança terá uma rejeição dupla para enfrentar, e isso certamente poderá trazer problemas para sua vida adulta.

Durante os últimos anos todos temos ouvido falar de instituições que deveriam cuidar de crianças e que falharam terrivelmente, com erros que vão de negligência a verdadeiros abusos. Mas há também muitas instituições que não vão para as manchetes dos jornais e continuam fazendo o melhor que podem para as crianças a seus cuidados.

Mesmo lugares assim não se comparam a uma família e um lar. Ser um entre muitos em um lugar onde talvez não haja ninguém com tempo ou sensibilidade para falar com você sobre suas preocupações, e onde a interação com algumas das outras crianças talvez seja difícil, pode ser traumático para qualquer um. E esse trauma aumenta quando — e isso acontece em muitos casos — irmãos são separados e cada um é enviado para estabelecimentos diferentes.

DOENÇA

Uma saúde frágil pode ser igualmente traumática para uma criança pequena. Vimos no último capítulo o efeito que uma crise de tuberculose teve na vida de Roberto, mas as crianças também podem ser afetadas de outras maneiras por problemas de saúde.

As crianças pequenas não conseguem diferenciar a doença que é grave das que não o são. Quando eu tinha onze anos fui levada para o hospital para operar o apêndice. Nós tínhamos um médico excelente que me explicou o que iria acontecer e me disse mais ou menos quanto tempo demoraria antes que eu pudesse voltar para casa e para a escola. Meus pais eram amorosos e cuidadosos, portanto não fiquei excessivamente preocupada com a situação. O doutor só se esqueceu de uma coisa: me dizer que eu sentiria mais dor *depois* da operação (eu só tinha tido uma crise grave anteriormente) e que isso era normal. Quando o efeito da anestesia passou e começou a doer muito, eu tive a certeza de que tudo dera errado e que eu ia morrer. Tudo isso aconteceu mais de quarenta anos atrás, mas ainda posso me lembrar daquele sentimento.

Se a doença vivida por uma criança a perturba, assim também acontece com as doenças dos que lhe estão próximos, principalmente quando ela se sente excluída e ninguém se dá ao trabalho de lhe dizer o que está acontecendo. É amedrontador ver alguém que você sempre considerou capaz de cuidar de *você* ficar doente e também precisar de cuidados.

58 *Traumas de infância*

Uma das minhas pacientes, a quem vou chamar de Marta, tinha nove anos quando a mãe foi hospitalizada em estado grave, no meio da noite. Ela foi levada de ambulância, acompanhada pelo esposo, enquanto vizinhos gentis ficaram com Marta em sua casa.

Tudo de que Marta se lembra da época são rostos ansiosos e palavras sussurradas atrás de portas fechadas. Como sua mãe estava ligada a vários tubos e equipamentos hospitalares, decidiu-se que era melhor Marta não visitar a mãe para não ficar mais perturbada. Mas a imaginação de uma criança evoca quadros bem piores do que qualquer realidade — e a imaginação de Marta estava trabalhando em dobro.

Sempre que ela tentava obter informações sobre sua mãe, o pai lhe dizia para não se preocupar, e que "Mamãe vai logo voltar para casa". Mas ela podia ver a preocupação estampada no rosto do pai e não acreditava nele. Achou que sua mãe fosse morrer e que nunca mais a veria.

Embora a doença fosse grave, a mãe de Marta se recuperou e voltou para casa. O dano, entretanto, já tinha sido feito e foi só quando procurou tratamento, com 29 anos, que Marta conseguiu se libertar dos efeitos traumáticos desse episódio em sua vida.

As situações que examinamos até aqui foram todas graves. Mas as crianças também podem achar que outras situações menos importantes são igualmente traumáticas.

MUDANDO DE CASA

Mudar de casa pode ser divertido e excitante, mas também pode ser traumático para algumas crianças — particularmente se envolve uma mudança de escola.

Crianças muito pequenas geralmente não têm problemas, adaptam-se e fazem novos amigos com facilidade. Isso não é o que acontece com crianças maiores, que têm de tentar se adaptar a um grupo de colegas com amizades já

Trauma acidental **59**

alicerçadas e turmas estabelecidas. Acrescente a isso o fato de que as matérias ensinadas podem ser diferentes ou estar em níveis mais avançados, e muitas crianças acabam passando por dificuldades.

Em alguns casos, mudanças freqüentes são necessárias — por causa do trabalho de um ou de ambos os pais. Enquanto algumas crianças acham isso ótimo, curtindo a aventura, outras consideram a situação profundamente traumática. Tenho um amigo cujo pai tinha um emprego que exigia constantes mudanças, justamente quando ele começava a se adaptar e fazer amigos e, mesmo agora, com a idade de cinqüenta anos, ele tem dificuldades para estabelecer qualquer tipo de relacionamento.

Certamente é possível viver qualquer uma das situações descritas neste capítulo sem sentir nenhum efeito traumático. Todos somos diferentes e reagimos de maneiras diferentes a eventos idênticos. Mas se você acha que uma situação parecida com as detalhadas aqui pode ter tido um efeito duradouro em você, ou mesmo se acredita existir apenas uma vaga possibilidade de que isso tenha acontecido, o exercício a seguir pode ajudá-lo.

Exercício — o quebra-cabeça

- Sente-se ou deite-se em algum lugar confortável; feche os olhos e relaxe o máximo que puder.
- Agora, após selecionar a situação que acredita ter tido um efeito traumático em você na infância, transforme-a em um quadro. Imagine esse quadro em uma tela imensa, enchendo toda a sua mente. (Imagine-a em cores e com todos os detalhes possíveis.)
- Depois de um tempo, imagine esse mesmo quadro em uma grande tela de televisão. A televisão está contra uma parede e você pode ver o que a cerca — talvez apenas a parede, talvez uma janela ou uma porta.

60   *Traumas de infância*

- A seguir, imagine uma televisão portátil em cima de uma mesa, e assim você é capaz de ver mais coisas que a cercam. Nessa televisão aparece o mesmo quadro que você imaginou antes.
- Imagine que você está segurando uma televisão minúscula, dessas que parecem miniaturas. Veja-se em qualquer cenário de sua preferência — em sua casa, seu escritório, no jardim ou na rua. Olhe para a televisão em miniatura na sua mão e veja o mesmo quadro na tela diminuta.
- Por fim, eu gostaria que você imaginasse que está em pé, ao lado de uma mesa imensa — tão grande quanto você possa conceber. Sobre essa mesa há um quebra-cabeça de pequenas peças com centenas de pessoas e passagens de sua vida até hoje. Você pode ver peças que mostram seus brinquedos favoritos, viagens de férias, uma casa ou jardim que conheceu. Seu vestido de casamento, sua primeira bicicleta, seu último emprego — tudo isso pode formar as peças do quebra-cabeça.

Falta apenas uma peça para completar o quebra-cabeça gigante, e você a está segurando em sua mão. Olhe-a e verá que ela é o mesmo quadro que você imaginou no começo deste exercício. Coloque a peça no quebra-cabeça para completá-lo. Dê uns passos para trás a fim de poder apreciar o quebra-cabeça completo. Aquela peça é agora uma entre as milhares de peças necessárias para formar o enorme quebra-cabeça. Ela é pequena demais e muito insignificante para poder continuar magoando você.

CAPÍTULO 5

Trauma não intencional

O trauma não intencional é causado à criança por pessoas que visam o seu bem — em geral os pais —, que sinceramente querem o melhor para ela.

Não estou me referindo aqui àquelas coisas insensatas e esporádicas que todos dizemos às crianças (e imediatamente nos arrependemos!), nem a incidentes isolados, a maioria dos quais a criança quase sempre consegue tirar da cabeça. Eu me refiro a um padrão prolongado de comportamento que pode ter um efeito também prolongado na vida daquela criança quando ela se tornar adulta.

Existe um tipo de pais, por exemplo, que dedica toda sua vida a fazer tudo o que é possível para seu filho ou filha desde o momento em que o bebê faz sua barulhenta entrada no mundo. Isso parece, à primeira vista, uma afirmação elogiosa. Mas pare e pense um pouco. Supondo que a criança seja normal e de boa saúde, a verdadeira tarefa de pais amorosos não é criá-la para ser um adulto completo, feliz e realizado, capaz de se firmar com seus próprios pés?

Se esse é o objetivo a ser atingido, então, por mais difícil que possa parecer, a coisa certa a fazer é ficar por perto e apenas observar a criança tentar abrir seu próprio caminho.

Certamente os pais podem deixar claro que estão por perto, prontos a dar uma mão, se necessário — mas devem se assegurar de que a ajuda realmente é necessária antes de oferecê-la. Um bebê nunca aprenderá a engatinhar se tudo o que estiver fora de seu alcance for automaticamente levado até ele. Quando esse mesmo bebê se levanta e se apóia nos móveis, tentando dar seus primeiros passos cambaleantes,

62 *Traumas de infância*

é muito provável que caia várias vezes. Desde que os pais estejam certos de que não se machucou, o melhor mesmo é ficar fora do caminho e deixá-lo continuar seus esforços. Assim, ele terá muitas outras maneiras de se divertir quando começar a andar e estará vivenciando um sentido real de sucesso e realização — algo que não poderá racionalizar em tenra idade, mas que poderá ajudar a estabelecer o padrão para os anos que se seguirão.

A maioria de nós provavelmente consegue se lembrar de ter passado por uma fase na infância em que achávamos embaraçoso segurar a mão da mãe ou ser beijado por ela na frente dos amigos. Se a mãe entende que isso faz parte do crescimento de seu filho, ela tenta se controlar para não fazer seu filho ou filha se sentir desconfortável.

Vamos supor que sua mãe não conseguisse atender a seus desejos; suponhamos que ela insistisse em segurar sua mão todas as vezes em que saíssem. É provável que não apenas você se sentisse desconfortável, como também seus amigos caçoassem de você por causa desse comportamento. Então, mesmo se a situação tendesse a não continuar à medida que você crescesse, sua auto-imagem e a imagem que seus colegas teriam de você tenderia a permanecer.

É claro que não há nada de errado com as mães que querem beijar seus filhos ou segurar-lhe as mãos. É uma coisa natural e amorosa, e o melhor é que nunca acabe. Todavia, se a criança estiver passando por aquela fase de constrangimento quando isso ocorre na frente dos outros, a mãe deve limitar esses sinais de afeição para os momentos mais privados.

Como mãe, sei que há momentos quando os filhos estão a caminho de se tornarem adultos em que é mesmo difícil dar um passo atrás e deixá-los independentes — particularmente se você acha que eles estão fazendo as escolhas ou tomando as decisões que não são as melhores. Mas tudo o

Trauma não intencional 63

que os pais podem fazer é aconselhar e, se o conselho não for aceito, dar-lhes apoio para que façam seu próprio caminho. (Estou me referindo aqui ao processo natural de independência crescente. É claro que, se os pais sentirem que seu filho está se dirigindo para uma vida de crimes, ou de uso de drogas, ou dependência alcoólica, desejarão interferir para ajudá-lo.)

Quando conheci Ana, ela não tinha autoconfiança. Uma jovem bonita e inteligente, era extremamente tímida, sussurrava mais que falava e quase nunca me olhava nos olhos. Era filha única de pais que tentaram durante anos ter um filho e ficaram absolutamente felizes quando, tendo quase desistido, nasceu a filha.

Os pais de Ana eram loucos por ela. E, como era tão preciosa, também foram superprotetores. Ela nunca teve bicicleta para não cair e se machucar; não podia ir nadar com as colegas nas férias para não se afogar; se pegasse uma leve gripe, era colocada na cama, coberta com macios cobertores e tratada com líquidos quentes e remédio para não permitir que a gripe se agravasse.

É natural que qualquer pai queira proteger seus filhos — infelizmente os acidentes acontecem e às vezes com finais trágicos. Mas essas ocasiões são comparativamente raras e, se os pais de Ana se certificassem de que a bicicleta tinha bons breques, que a piscina tinha salva-vidas, e que a filha estava só com um resfriado, a melhor coisa que poderiam fazer era deixá-la viver como as amigas.

Ana tinha cerca de 35 anos quando a conheci. Ela não só tinha medo de coisas que talvez fossem mais arriscadas — voar, sair à noite, dirigir —, como também não tinha confiança em si mesma, nem para se candidatar a empregos, nem para fazer amizades. Nunca tinha tido um namorado sério; na verdade, sempre evitava relacionamentos que poderiam se tornar mais sérios para não se machucar.

64   *Traumas de infância*

Não foi preciso muito tempo para fazê-la compreender que a atitude de seus pais era a responsável por sua falta de confiança em si mesma — embora isso tivesse que ser feito de modo a não jogar nenhuma culpa sobre o casal que, afinal, fez o que achou melhor para a filha. Depois disso, trabalhamos juntas para ajudá-la a desenvolver a crença em si mesma e tornar-se capaz de agir com mais confiança.

Se apenas um dos pais agir de maneira superprotetora, haverá problemas adicionais. Provavelmente haverá algum conflito entre quem deseja superproteger a criança e quem deseja que ela tenha mais independência, e a criança perceberá essa atmosfera de tensão. Isso tornará a situação ainda pior. A criança ficará interiormente confusa com as atitudes diferentes e ainda terá consciência de que o conflito existe e diz respeito *a ela*. Isso a fará se sentir responsável pela diferença de opinião entre os pais e, se acabar havendo uma briga na família, pensará que é a culpada porque vai achar que tudo está ocorrendo por falha sua.

Pela atitude dos adultos, é muito possível que uma criança cresça se achando desajeitada ou com tendência a se acidentar. Imagine a seguinte seqüência de eventos.

Quando Célia era muito pequena, ajudava sua mãe a limpar a mesa do café da manhã. No caminho até a pia, ela acidentalmente deixou cair uma xícara que se quebrou — um acidente simples que pode acontecer com qualquer um, criança ou adulto. (Eu quebrei uma, a semana passada.) Sua mãe não ficou zangada, mas fez grande barulho limpando os cacos.

Na vez seguinte que Célia quis ajudar, a mãe ficou insistindo em que fosse cuidadosa e não quebrasse nada. Isso, claro, fez a criança ficar tensa e ansiosa e muito mais propensa a deixar cair o que estivesse carregando.

Com o passar do tempo e à medida que Célia crescia, ninguém a deixava carregar coisas de valor, pois ela tinha o hábito de deixá-las cair. A própria criança acreditava nisso

Trauma não intencional   65

e ficava aterrorizada ao segurar qualquer coisa frágil. Se por algum motivo tinha mesmo que segurá-la, o medo por si só era capaz de fazê-la deixar o objeto cair.

Célia cresceu e se tornou aquele tipo de pessoa rotulada por todos, inclusive por si mesma, como "desajeitada". No entanto, ela era apenas uma menina pequena que deixou cair uma xícara.

E o que dizer das crianças que têm a sensação, por mais que tentem, de nunca conseguir atender às expectativas dos pais? Alguns anos atrás, tive um paciente — vamos chamá-lo de Douglas — que, embora fosse o proprietário de uma cadeia de lojas de sucesso, ainda sofria de grande sentimento de inferioridade. Seus pais e seus dois irmãos tinham sido muito bem-sucedidos nos estudos acadêmicos, mas ele, apesar de ter se esforçado bastante na escola, nunca foi capaz de alcançar seus padrões. Ninguém jamais o tratou mal, mas o desapontamento dos pais lhe parecia óbvio e ele carregava consigo a sensação de que os decepcionara.

Quando conheci Douglas, seus pais já haviam morrido. Porém, o sentimento de inadequação ainda o acompanhava, fazendo com que trabalhasse mais do que o normal, sete dias por semana, para conseguir sempre mais. Já possuía um estilo luxuoso de vida e certamente não precisaria trabalhar tanto. Na verdade, ao agir assim, estava criando dificuldades em seu relacionamento com a mulher e os filhos e seu nível de estresse era tão alto que, se não fizesse algo a respeito, estava a caminho de sofrer um ataque cardíaco.

Eduardo sentia que havia decepcionado a família de maneira diferente. Seu avô tinha sido um famoso cirurgião; seu pai, sua mãe e a irmã mais velha, todos eram médicos e sempre acharam que Eduardo também estudaria medicina.

Ele era inteligente o suficiente para estudar medicina — mas não quis. Havia nascido com uma paixão — e o talento

66 *Traumas de infância*

para a música. Tudo o que queria era ser um músico profissional, fosse como solista ou como membro de uma orquestra.

Quando Eduardo tinha dez anos, seu talento foi reconhecido pelos professores, que lhe ofereceram uma bolsa para estudar música. Quando seu pai foi abordado a respeito, cortesmente explicou aos professores, sem nem sequer conversar com o filho, que Eduardo iria estudar medicina.

Àquela idade, Eduardo não teve coragem de contradizer o pai e, assim, perdeu a oportunidade de receber a bolsa. Com o passar do tempo, o garoto ficou dividido entre querer agradar ao pai que amava e o ressentimento por ele não ter permitido que seguisse uma carreira na música — uma coisa que seus pais consideravam apenas um *hobby* agradável.

Talvez um rapaz mais determinado tivesse encontrado forças para enfrentar o pai e fazer valer seu próprio ponto de vista, mas Eduardo não era assim. Sentindo que tinha pouca escolha, seguiu os passos da família e se tornou médico. Entretanto, embora trabalhasse muito e se esforçasse ao máximo por seus pacientes, nunca estava feliz. Não é que estivesse zangado com seus pais. Ele estava zangado *consigo mesmo* por não ter persistido e seguido a carreira musical. Mesmo se não fosse bem-sucedido, teria pelo menos sido fiel a si mesmo, e sua auto-estima estaria mais elevada.

Os pais que são excessivamente rígidos podem causar problemas a seus filhos quando estes crescem. Em muitos casos, a rigidez surge porque as pessoas em questão amam seus filhos e querem o melhor para eles e realmente acreditam que estão fazendo o melhor. Por outro lado, todos nós já vimos o que acontece quando há completa ausência de disciplina em casa, quando não se estabelecem modelos e princípios morais. A criança se torna, no melhor dos casos, um indivíduo egoísta e, no pior, um criminoso violento que

Trauma não intencional 67

acredita ter o direito de tomar o que deseja de qualquer pessoa e por qualquer meio.

Aquelas crianças cujos pais insistem em determinado código de comportamento provavelmente imaginam que seria maravilhoso viver em um mundo em que pudessem conseguir qualquer coisa. Contudo, as que crescem em famílias sem modelos não são felizes. Elas realmente se sentiriam mais seguras se soubessem o que se espera delas, ainda que nem sempre atendam a essas expectativas.

Como me disse um dos meus filhos (agora adulto): "É claro que tentamos ampliar os limites e quebrar algumas regras, mas era ótimo saber que os limites estavam lá".

Ampliar os limites e tentar não se conformar faz parte do processo de crescimento e de obtenção da independência. Mas ainda que não expressem o pensamento em palavras, as crianças gostam de saber que as regras foram estabelecidas por pessoas que se importam com elas.

Quando eu era adolescente e estava no colégio, meus pais naturalmente insistiam para que eu fosse dormir a uma hora razoável durante o período letivo, com alguma condescendência aos sábados. Eu não apreciava muito isso e tentava, de um jeito ou de outro, ganhar uma meia hora extra. Embora o mundo fosse muito menos perigoso para garotas do que parece ser hoje, se eu fosse a uma festa ou visitar um amigo, meu pai ia me buscar a uma hora combinada. A parte em mim que queria ser "adulta" não achava isso necessário, até que uma noite conversei com outra garota de minha idade. Ela não tinha essas restrições. Podia ficar até a hora que desejasse e voltava das festas para casa por conta própria. Tinha inveja de mim porque meus pais mostravam que se importavam comigo, e não acreditava que os seus se importassem.

Eu não sei se os pais dessa amiga não se importavam realmente ou eram apenas tolos. No entanto, fosse como fosse, ela *acreditava* que eles não ligavam para ela. Pensem

68   *Traumas de infância*

no dano que isso deve ter lhe causado — o qual certamente carregou até a vida adulta.

Se os pais que não estabelecem limites podem afetar de modo negativo a vida de seus filhos, o mesmo pode se dar com os pais que são excepcionalmente estritos e que criam uma regra para cada ocasião.

Se tudo na vida tem que se adaptar a regras que parecem gravadas em pedra, a criança não tem espaço para crescer, para se desenvolver e aprender a pensar por si mesma.

Crescer em ambientes assim pode gerar diferentes resultados. Uma criança dócil se conformará com as regras, enquanto outra fará tudo que puder para quebrá-las — seja de maneira aberta ou encoberta. Uma tentará compensar suas frustrações sendo o valentão da escola, enquanto a outra — temerosa demais para se afirmar e muito insegura para ter confiança interior — se tornará a vítima do valentão.

O triste é que, na maioria dos casos, os pais que são excessivamente severos acreditam de fato que estão fazendo o melhor para seus filhos, mas a criança dificilmente compreende isso até muito mais tarde, quando o dano já está enraizado.

O que acontece com a criança que obedece com docilidade a todas as regras e faz tudo o que lhe mandam fazer? Gradualmente incorpora a crença de que é incapaz de pensar por si mesma e tem, portanto, de obedecer às ordens dos outros. Esse padrão de pensamento dificilmente ajuda a criança a se desenvolver e a se transformar em um adulto confiante e independente.

Quanto àquela criança que se rebelou, pode se tornar o tipo de adulto que vê confronto em toda situação, sem sequer parar para avaliar se é isso mesmo que ocorre. Um adulto agressivo, com tendência ao confronto, não achará fácil fazer amizades e formar relacionamentos.

Tanto o valentão como a vítima demonstram com seu comportamento que estão abrigando sentimentos de grande insegurança. O valentão — seja a criança na escola, o chefe agressivo ou um esposo violento — é *sempre* alguém que se sente basicamente inseguro, com sentimentos de inferioridade. O comportamento agressivo que demonstra é sua maneira de disfarçar esses sentimentos — tanto dos outros quanto dele mesmo. A vítima é igualmente insegura mas, com sua atitude, permite que isso seja visto pelas pessoas que a cercam.

As crianças que vêm de famílias estritamente religiosas algumas vezes se tornam tão imbuídas de um sentimento de culpa que isso as afeta pelo resto da vida.

Não estou aqui criticando nenhuma religião em particular — nem as religiões de modo geral —, mas apenas a maneira como algumas pessoas a praticam. E algumas religiões colocam mais ênfase do que outras na culpa que seus seguidores devem sentir.

Os pais de Bernardo iam à igreja do bairro todos os domingos, e sempre levavam o filho e as duas filhas com eles. Eram boas pessoas, gentis, que levavam a religião a sério e queriam criar os filhos dentro desses princípios. O pastor da igreja, no entanto, era da escola de pregação do "fogo do inferno e da danação", sempre enfatizando as coisas terríveis que poderiam acontecer aos pecadores se eles não se arrependessem e emendassem seus modos.

Bernardo era um menino muito sensível e escutava atentamente cada palavra proferida do púlpito, acreditando de coração em todas elas. Cada domingo ele pensava nas coisas terríveis que havia feito na semana anterior. Naturalmente, ele não havia feito nada de terrível, mas começou a considerar "pecado", por exemplo, dizer a sua mãe que tinha feito a tarefa escolar quando não tinha, gastar sua mesada com revistas em quadrinhos que seu pai não aprovava, ou deixar de escovar os dentes à noite. Cada

70 Traumas de infância

domingo ele se sentava no banco da igreja tremendo de medo, escutando o pastor falar de todas as coisas terríveis que iriam lhe acontecer porque era um grande pecador. Muitas vezes ele dormia mal nas noites de domingo.

Com o passar do tempo, Bernardo se tornou capaz de formar suas próprias opiniões sobre o que era errado e o que era certo — e também sobre as técnicas de pregação daquele pastor em particular. Porém, essas opiniões estavam em sua mente lógica, consciente. Àquela altura, o dano já havia sido feito a sua mente subconsciente, que continuava a temer o castigo divino por qualquer erro trivial. E como todo mundo comete muitos, muitos erros na vida, esse medo de tempos em tempos vinha "martelar" em sua cabeça, mas não tomava uma forma mais óbvia. Bernardo conscientemente não pensava consigo mesmo "Fui um tanto irresponsável e descuidado outro dia, portanto algo terrível vai me acontecer". O que acontecia era que seu subconsciente afetava seu estado físico e o "punia", provocando uma forte enxaqueca.

Tendo escutado que a hipnose curava enxaqueca, Bernardo me procurou. Quando nenhuma das técnicas empregadas surtiu efeito, decidimos analisar sua infância em maiores detalhes. Sob hipnose, Bernardo foi capaz de reexaminar todos os seus medos infantis de ser punido por tudo o que fizesse de errado, por um Deus que não perdoava. Usando o exercício mostrado no final deste capítulo, ele foi capaz de mudar sua percepção interior do que havia escutado quando criança, e a enxaqueca parou de incomodá-lo.

Quando sou consultada por alguém que sofre de algum padrão de comportamento obsessivo (como se lavar repetidamente e lavar suas coisas, ou ter que passar por um complicado ritual antes de dormir ou sair de casa), com freqüência descubro que essa pessoa está sofrendo de alguma culpa provocada pela influência religiosa na infância.

Trauma não intencional   71

Não é a religião que deve ser culpada, e sim uma interpretação infeliz que foi incutida em um indivíduo específico.

Se você puder relacionar algum dos exemplos dados neste capítulo, ou se eles fazem com que se lembre de alguma circunstância semelhante, então o exercício a seguir pode lhe ser útil. Lembre-se de que estamos falando sobre o efeito, em sua auto-imagem, de uma atitude ou comportamento infeliz de pessoas que estavam bem-intencionadas e que provavelmente pensaram que estavam fazendo o melhor possível para você naquele momento.

Exercício — intervenção

- Voltando à sua infância, selecione o evento ou situação que tipifica o comportamento desastroso de um adulto bem-intencionado. Se surgir em sua mente mais de uma situação assim, trabalhe apenas uma de cada vez.
- Agora traga à sua mente alguém em quem você confia e preza. Pode ser alguém que você conheceu quando criança, talvez um professor ou uma tia favorita, ou alguém que faça parte do seu círculo — um amigo íntimo ou colega.
- Consiga tempo suficiente para relaxar, assegurando seu conforto.
- Na sua imaginação, visualize um aparelho comum de televisão que esteja desligado. Quando o ligar, saiba que verá um vídeo caseiro descrevendo a cena da qual se lembrou no começo deste exercício.
- Deixe a coisa acontecer. Veja e escute o adulto dizendo aquelas palavras que você sabe que tiveram um efeito prejudicial em sua auto-imagem.
- Interrompa a cena, permitindo que a pessoa escolhida por você interfira entre a criança que você foi e o adulto que você estava enfrentando na época. Visualize essa pessoa com calma e tranqüilidade, explicando ao adulto que, apesar de considerar que seus motivos são os melhores possíveis, se

72 Traumas de infância

ele parar e pensar compreenderá o efeito infeliz que suas palavras estão tendo sobre a criança diante dele.

- Imagine que essa intervenção está tendo sucesso de forma que o adulto que estiver falando pára, compreende que realmente não está fazendo o melhor possível para a criança e altera suas palavras, proferindo outras mais apropriadas.
- Quando abrir seus olhos no final do exercício, pense novamente no acontecimento e verifique se ainda tem algum efeito sobre você. Acredito que descobrirá que isso não acontece mais.
- Repita o exercício quantas vezes forem necessárias para que possa lidar com qualquer situação que lhe venha à mente.

Não permita a si mesmo sentir-se tolo, mesmo se os acontecimentos e as palavras que vierem à sua mente pareçam triviais. Ainda assim, foram suficientemente fortes para ter efeito em você quando criança. Ademais, não pense que está sendo desleal para com os pais ou com outros adultos que realmente se importavam com você e estavam tentando fazer o melhor possível. Eles não precisam saber o que você está fazendo agora e, abandonando esses fantasmas, você será capaz de apreciá-los mais do que antes.

CAPÍTULO 6

Por favor, me ame

É uma situação muito triste quando os pais realmente amam seus filhos, mas, por uma ou outra razão, são incapazes de demonstrar isso. Os filhos de tais pais freqüentemente não compreendem, até se tornarem adultos, que foram amados de verdade. E, como já vimos, qualquer criança que não se sinta amada por aqueles que lhe são próximos acredita sempre que isso é culpa *sua;* que aquelas pessoas maravilhosas, que sabem de tudo, devem ter uma razão para tal atitude e que essa razão se deve a que ela — a criança — não pode ser amada.

Uma auto-estima tão baixa durante a infância pode levar diferentes sofredores a diferentes direções. Uma criança pode passar o resto de sua vida tentando agradar às pessoas e fazê-las gostar dela, isto é, amá-la, enquanto outra pode tomar a atitude (mesmo subconsciente) de que, já que não é boa o suficiente para ser amada mesmo quando é boa, pode então tentar ser má. É o tipo de pessoa que, quando crescer, se acostumará a usar e ferir os outros de várias formas.

A tragédia real acontece quando essa falta de habilidade para verbalizar ou demonstrar o amor passa de geração a geração. A criança que cresce em um lar onde não existem manifestações evidentes de amor e afeto pode aceitar esse cenário como seu modelo quando tiver seu lar e sua própria família. Isso, por sua vez, pode fazer com que seus filhos se comportem exatamente da mesma maneira.

A mãe de Clara era uma senhora aparentemente muito fria. Na verdade, amava muito a filha, mas, como havia

74 *Traumas de infância*

uma falta de manifestação aberta de afeição em sua própria família, ela era completamente incapaz de mostrar seus sentimentos. Assim, Clara era bem cuidada, recebia muitos presentes, era levada a passear, a mãe conversava muito com ela, porém nunca a beijava nem a abraçava como as meninas adoram. Seu pai, no entanto, era um homem amoroso e carinhoso, e assim sua auto-estima realmente não sofreu. Ela apenas sentia uma tristeza interior porque sua mãe parecia não amá-la.

Ansiosa para agradar à mãe, Clara lhe trazia desenhos da escola e margaridas do jardim. Também passava um bom tempo confeccionando pequenos presentes para ela. Tudo isso a mãe recebia com um sorriso e um polido "obrigada" e nunca mais mencionava os presentes.

Clara era habilidosa com trabalhos manuais e realmente gostava de confeccionar coisas. Com o passar do tempo, adquiriu o hábito de fazer os presentes que dava para a mãe no aniversário e no Natal, embora sempre ficasse um pouco desapontada com a reação calma e polida que esses presentes provocavam. Contudo, ela acabou se acostumando com essa situação.

Quando estava com cerca de vinte anos, Clara fazia compras na cidade quando encontrou uma velha amiga de sua mãe com quem sempre havia se dado bem. A senhora a convidou para um café e, durante a conversa, contou a Clara de sua admiração por uma almofada bordada que ela havia feito para a mãe. Clara ficou muito surpresa e, sabendo que essa almofada ficava em uma cadeira no quarto dos pais, perguntou como a mulher a vira.

"Oh, querida", a mulher lhe respondeu, "sua mãe sempre me mostrava tudo o que você fazia. Ela me levava pela casa dizendo 'Clara fez isso, Clara fez aquilo'. Ela tinha tanto orgulho de você!"

Por favor, me ame 75

Clara estava espantada. Por que sua mãe nunca lhe havia dito que ficava contente com os presentes? Por que deixou que ela pensasse que não se importava?

Foi nesse momento que Clara começou a pensar na mãe e em suas atitudes. Compreendeu que sua mãe de fato a amava e que, por alguma razão que a jovem não entendia, não era capaz de mostrar isso. Quando pensou em todas as vezes que havia duvidado do amor de sua mãe, achou a situação terrivelmente triste.

Clara não tinha tido uma infância infeliz. Sempre teve um sentimento de segurança e de valor por causa da atitude aberta e amorosa do pai. Mas como teria sido mais feliz se tivesse compreendido antes de chegar aos vinte anos que sua mãe também a amava!

Não se pode automaticamente culpar a mãe de Clara por uma atitude que deve ser resultado de sua própria criação. No entanto, mesmo agora, com seus pais na casa dos setenta anos, Clara trata-os de maneira diferente. Quando os visita, ainda é capaz de abraçar e beijar o pai, mas, embora hoje seja profundamente afeiçoada à mãe e a entenda muito melhor, sente-se embaraçada se sua demonstração de afeto passar de um rápido beijo na face, especialmente porque a mãe nem parece mesmo querer mais do que isso.

Se você estiver na posição da mãe de Clara — mesmo que não seja em grau tão acentuado —, sentindo-se incapaz de demonstrar o amor que nutre por outra pessoa, eu lhe pediria para tentar fazer alguma coisa a esse respeito. Provavelmente você precisará procurar ajuda profissional — talvez hipnoterapeuta ou conselheiro —, mas as compensações serão muitas. Não se pode viver uma situação feliz sendo uma pessoa amorosa presa em uma concha de frieza, capaz apenas de olhar os outros mostrarem seu amor e afeição.

76 *Traumas de infância*

Outro problema que pode acontecer quando um ou ambos os pais são incapazes de mostrar seus sentimentos é que a criança cresce achando que essa é a norma. Em quase todos os casos, nossa percepção de como deve ser a vida de uma família "normal" é formada pelas impressões que temos acerca da vida durante nossa própria infância. Mesmo se compreendermos, ao nos tornarmos adultos, que não recebemos uma educação típica, já teremos criado a crença subconsciente de que isso é o que merecemos; tudo que for diferente, então, pode ser irritante e difícil de aceitar.

A mãe de Teresa era uma mulher contraditória. Ela amava Teresa e seu irmão Paulo profundamente, mas esse amor só se manifestava na forma de ansiedade pela saúde deles ou como tentativa de controlar suas vidas. Ela nunca foi capaz de colocar os braços ao redor deles e abraçá-los ou de lhes dizer como os amava. E dessa vez não havia outro peso na balança — um pai carinhoso no cenário —, pois seu esposo morreu quando as crianças eram muito pequenas.

Sempre preocupada com a saúde dos filhos, a mãe ficava quase histérica se pensasse que elas estavam com alguma coisa além de um resfriado. Telefonava para médicos, hospitais e ambulâncias, dizendo que a criança estava morrendo — e tudo isso era perturbador tanto para a criança que não estava bem como para a que estava observando o que acontecia.

Ela também aterrorizava Teresa e Paulo com histórias terríveis sobre as coisas que poderiam acontecer com eles lá fora no grande mundo. Certamente é necessário alertar a criança a respeito dos perigos e ensiná-la a enfrentar uma situação difícil, mas esses irmãos cresceram pensando que todos que encontravam à frente estavam lá para lhes fazer algum mal e que nunca deveriam ir a lugar

Por favor, me ame 77

nenhum, apenas voltar rapidamente para casa depois da escola para ficar com a mãe.

Ao crescerem, Teresa e Paulo começaram a perceber que a vida das outras crianças era diferente da deles e por algum tempo ambos ficaram ressentidos com a atitude da mãe e se rebelaram contra ela. De fato, embora mais tarde entendesse que sua mãe estava fazendo o que achava ser o melhor para protegê-los, a reação deliberada de Paulo, quando adulto, foi se engajar em um trabalho em outro país para se ver longe da influência dela.

Teresa permaneceu no país e foi para a universidade, onde fez todas aquelas coisas que a maioria de suas colegas fazia, mas contra as quais sua mãe a alertara. Nem sempre comparecia às aulas, começou a fumar, tomava algumas taças de vinho à noite e teve seu primeiro namorado sério, com quem manteve relações sexuais.

Quando sua mãe descobriu, ficou horrorizada, chamou sua filha de "vagabunda" e coisas piores. Por muito tempo a relação entre as duas ficou estremecida.

Na ocasião em que conheci Teresa — quando tinha 29 anos e estava prestes a se casar — ela compreendia que sua mãe tinha seus próprios problemas e que, à sua maneira, tentava cuidar dos filhos e protegê-los. Porém, essa compreensão por si só não era suficiente para desfazer o dano que havia sido causado durante a infância. Agora, no entanto, ela também tinha de enfrentar o sentimento de culpa criado porque, por um lado, sabia que sua mãe realmente se preocupava com ela e, por outro, ainda tinha raiva e ressentimento pela educação que recebida.

Ao chegar ao final de nossas sessões, Teresa foi capaz de pôr de lado a raiva e sentir uma afeição verdadeira por sua mãe. Ela sabia que a velha senhora nunca mudaria e foi capaz de aceitar seu comportamento pelo que era — uma indicação do amor que sentia por seus filhos.

78 *Traumas de infância*

CRITICISMO

Também há aqueles pais que, pensando que essa é a manei-ra de estimular os filhos a maiores esforços e realizações, são muito críticos com relação a tudo que eles tentam fazer. Há criticismo ativo quando o adulto em questão depre-cia a criança pelo que ela já fez — "Isso é o melhor que você consegue fazer?", "Esse trabalho está horrível", "Você pode fazer melhor do que isso" — e por aí vai. Há criticismo passivo quando o adulto deixa de valorizar o resultado que a criança alcançou, mesmo quando é um bom resultado.

Hoje com seus cinqüenta anos, Tomás ainda se lembra de um dia voltar da escola para casa em grande excitação. Ele havia tirado a nota mais alta da sala — 9,9, em uma prova de francês, quase um recorde no colégio. Com os elogios dos professores ainda ecoando em seus ouvidos, ele se apressou em voltar para casa e foi direto procurar seu pai, que estava no escritório. Depois de lhe contar a boa notícia, esperou uma reação. A resposta de seu pai foi "Se você conseguiu 9,9, poderia ter conseguido 10. O que você fez de errado?".

Com certeza esse pai não era um homem intencional-mente duro. Talvez tenha mesmo pensado que essa era a melhor maneira de estimular o filho a fazer ainda melhor. Mas, se foi isso que ele pensou, estava errado. Tomás ficou tão desapontado com a atitude do pai que desde esse dia nunca mais o procurou para lhe dar boas notícias e, assim, uma oportunidade de construir um relacionamento real-mente bom entre pai e filho se perdeu.

A crítica a uma criança — e também a um adulto — é aceitável desde que siga determinadas normas.

- Nunca deve ser generalizada. Embora seja admissível criticar uma ação ou um trabalho quando justificado,

Por favor, me ame 79

isso nunca deve ser seguido por comentários do tipo "Você é estúpido" ou "Você é um inútil".

- Quando possível, a crítica deve ser construtiva, indicando a maneira de melhorar a situação.
- A crítica deve ser acurada e não exagerada. Dizer a alguém, "Você sempre está atrasado; por que nunca consegue chegar na escola (ou no trabalho) na hora?", não é uma verdade estrita. O comentário importante do momento é apenas "Você está atrasado".
- Se é para a pessoa que está sendo criticada não ter sua auto-estima arrasada, é melhor seguir o método "para cima e para baixo". Isso significa começar com uma declaração positiva, seguida de uma crítica, e terminar com outra declaração positiva sobre o resultado desejado. Por exemplo, "Você realmente tem trabalhado muito neste semestre (*para cima*), portanto é uma pena que este trabalho não tenha ficado tão bom quanto outros (*para baixo*). Tenho certeza de que, se você dedicar um pouco mais de tempo a isso no futuro, logo estará conseguindo notas melhores (*para cima*)".

A maioria das crianças aceitará a crítica — embora na hora ninguém goste — se ela for equilibrada com elogios. Se a criança vai ser criticada por ter deixado o quarto bagunçado, é justo que receba um comentário favorável quando o arrumar. Que os pais lhe digam que estão desapontados pode ser aceito desde que também lhe digam quando ficarem especialmente orgulhosos por algo que ela fizer.

Se tudo que a criança escuta, dia sim dia não, são comentários negativos, eles se fixarão em seu subconsciente e ela crescerá pensando em si mesma de maneira negativa. Mesmo se, com o correr dos anos, compreender que seus pais eram injustos ou estavam apenas tentando estimulá-la,

80 *Traumas de infância*

visando maiores realizações, isso não será suficiente para desfazer o dano provocado.

Minha própria crença é de que essa negatividade por parte das pessoas a quem a criança está tentando agradar pode acarretar problemas mais sérios do que geralmente se admite.

Durante os anos que estive praticando hipnoterapia e aconselhamento, fui consultada por muitas pessoas que tiveram a infelicidade de sofrer de ME (myalgic encephalomyelitis). Eu não afirmo ser capaz de "curar" esse problema, mas a hipnoterapia certamente pode ajudar a aliviar os sintomas. O tipo de análise que faço também capacita o paciente a examinar sua infância a fim de verificar se nessa fase da vida é possível descobrir algum fator que contribua para a doença.

Em todo caso de ME com o qual trabalhei havia um fator recorrente — o paciente sempre tinha sido o tipo de pessoa que espera grandes coisas de si mesmo, gosta de fazer tudo com perfeição e exige muito de si.

Tampouco estou dizendo que esse é o único elemento causador de ME, nem estou afirmando que todas as pessoas com esse tipo de personalidade desenvolverão a doença. Embora tenha também trabalhado com muitos pacientes, meus números são muito pequenos para ter valor estatístico. Contudo, não acredito em coincidência em casos assim e o fato de, sem exceção, todos os pacientes com ME que conheci caírem nessa categoria me convence de que há alguma coisa de valor nessa observação.

Por que menciono esse fato no contexto deste capítulo? Bem, a análise sob hipnose mostra que muitos desses adultos que esperam tanto de si fazem isso porque subconscientemente ainda estão tentando agradar a alguém que era altamente crítico em relação a eles. Essa pessoa pode nem mais estar viva, mas o hábito da criança de exigir o máximo

Por favor, me ame　　81

de si mesma, para obter sua aprovação, está tão arraigado
que ela continua a proceder da mesma maneira.

PREOCUPAÇÃO EXCESSIVA

Todos nós conhecemos pessoas que são, por natureza, mais
ansiosas do que outras. Elas se preocupam se um membro
da família está dez minutos atrasado, pensando que ele
pode ter sido atropelado ou assaltado na rua. Para elas,
toda gripe é uma pneumonia em potencial; toda dor de
cabeça, um tumor cerebral em potencial, e cada dor nas
juntas, um sinal de artrite.

Na maioria dos casos, essas pessoas não conseguem
evitar tal reação. Isso se deve a sua criação e a sua família.
Mas, a menos que alguma coisa sobre isso seja feita em
algum momento, essa tendência à preocupação vai ser passada de pai para filho por várias gerações. Portanto, se você
é alguém cujos pais foram tão ansiosos que isso o afetou,
tome a decisão de parar o processo agora. Você já está na
metade do caminho por ter decidido ler este livro e trabalhar consigo mesmo.

André queria ser dentista desde quando podia se lembrar. Apesar de estudioso e inteligente, não era brilhante,
tendo que se esforçar bastante em cada fase de sua educação. Infelizmente, era uma daquelas crianças que não se
saem bem nos exames por causa do nervosismo, que as
impede de apresentar o melhor.

Essa situação não melhorava por causa da mãe, que era
uma pessoa de grande ansiedade. Mesmo durante as provas normais da escola, ela ficava preocupada com o filho, se
ele conseguiria se sair bem. Queria tanto ajudá-lo que, sem
saber, colocava responsabilidade demais sobre ele e, assim,
aumentava seu nervosismo já presente .

Apesar de seus próprios sentimentos e da agitação da
mãe, André conseguiu passar nos exames e se formar como

82   Traumas de infância

cirurgião dentista. Infelizmente, o lugar em que conseguiu estágio foi perto de sua casa, o que significava não ter de procurar outro lugar para morar. Digo "infelizmente" porque a melhor coisa para ele a essa altura seria ficar longe da mãe ansiosa e passar mais tempo com pessoas de sua idade.

Quando chegou o momento dos exames finais, a situação se tornou quase intolerável. Sua mãe ficava andando pela casa, torcendo as mãos e imaginando o que aconteceria se André não conseguisse ser bem-sucedido nos exames depois de tanto estudo.

André não conseguiu passar incólume por todo esse melodrama, e o resultado foi que ele não se saiu bem. Isso não foi a tragédia que poderia ser, pois lhe foi dada uma chance de prestar os exames de novo em outra data. Para sua mãe, porém, era como se o mundo tivesse vindo abaixo. A intensidade de sua ansiedade crescia diariamente. Ela se preocupava com os exames, com os sentimentos de André, com o que ele faria no futuro se não passasse, como faria financeiramente... a lista era interminável. O rapaz, que já não agüentava a situação em casa, começou a passar todo seu tempo na biblioteca da faculdade, indo em casa só para comer e dormir. Não queria brigar com a mãe que, ele sabia, realmente queria o melhor para ele, mas sabia que era sua única chance de passar nos exames.

Quando fez os exames novamente, André passou raspando; no entanto, com a pressão removida de suas costas, tornou-se um dentista cuidadoso e de sucesso.

COMPARAÇÕES

Em qualquer família com duas ou mais crianças, é provável que haja muitas diferenças entre elas. Uma pode ser melhor em esportes e a outra, na escola. Uma pode ser mais confiante e a outra, tímida. Uma pode ser gregária por

Por favor, me ame **83**

natureza e a outra, de temperamento mais solitário. Nenhum desses comportamentos é melhor ou pior — são só diferentes.

O problema surge quando, muitas vezes por causa de palavras descuidadas ou pela atitude de um pai ou outro adulto, as crianças se tornam agudamente conscientes das diferenças existentes, acreditando que talentos particulares ou personalidades fazem um ser melhor e mais amado que o outro.

Os próprios pais, muitas vezes, contribuem para essa crença, sem perceber o que estão fazendo. Um adulto que sempre foi bom esportista pode automaticamente elogiar seu filho mais atlético e ao mesmo tempo tecer comentários desfavoráveis sobre quem tem menos interesse ou habilidade nesse sentido. O pai de uma filha muito bonita pode gastar tempo demais encorajando-a a realçar ainda mais sua beleza e, ao mesmo tempo, quase nada comentar sobre outra criança menos vistosa.

Helen era dois anos mais velha que sua irmã Mary. Enquanto a primeira tinha uma aparência atraente mas nada excepcional, a segunda era linda. Com cabelos ruivos e grandes olhos azuis, era uma criança notada por todos. Quando tinha apenas cinco anos, sua mãe foi abordada por uma agência de modelos que queria contratá-la.

Certos ou errados — não vou comentar aqui os prós e os contras de crianças modelos —, seus pais concordaram com isso e logo Mary começou a aparecer em revistas e em comerciais de televisão.

No começo, Helen ficou encantada com o "estrelismo" da irmãzinha. Não tinha ciúmes porque odiaria ser obrigada a se enfeitar para ser fotografada como Mary. Entretanto, com o passar do tempo e com Mary se tornando cada vez mais procurada, a vida da família parecia girar em torno da "carreira" da garotinha. Como a mãe naturalmente tinha que acompanhar a criança nos seus vários compro-

84 *Traumas de infância*

missos, Helen com freqüência era obrigada a ficar com uma amiga ou vizinha depois da escola. Se a família saía para passear, numa das raras ocasiões que tinham para passar juntos, as pessoas reconheciam Mary e vinham falar com ela, comentando sobre sua linda aparência. Não eram grosseiras com Helen — simplesmente não a notavam.

À medida que as garotas cresciam, teria sido fácil para Helen ressentir-se de Mary e até mesmo não gostar mais dela. Isso não aconteceu porque — milagrosamente — Mary permaneceu imune a toda aquela adulação. Embora achasse a coisa toda muito divertida, não acreditava que aquilo a fizesse melhor que a irmã que amava.

Porém, a auto-estima de Helen foi ficando cada vez mais baixa com o passar dos anos e Mary, por sua vez, se transformava de garotinha bonita em uma adolescente estonteante que ainda era procurada pelos fotógrafos. Para Helen, parecia que a única coisa que importava eram as aparências e que ela pouco tinha a oferecer nessa área. Cada vez que se olhava no espelho via aquela garota comum e simples com olhos tristes e cabelos castanhos lisos. Não compreendia que era atraente de maneira menos dramática que a irmã — ou seria, se permitisse a si mesma sentir-se confiante e sorrir.

No caso de Helen, isso se transformou em uma situação muito séria: com uma auto-imagem tão pobre e na verdade odiando seu rosto e seu corpo, desenvolveu um distúrbio alimentar que demorou vários anos para superar.

CULPA

Todos nós fazemos bobagens quando crianças. De fato, continuamos a fazer bobagens quando adultos. Às vezes, esses atos infantis exigem algum tipo de punição, seja na forma de reprimenda, seja pela abolição de algum privilégio, como uma sobremesa ou um passeio.

Por favor, me ame   85

Seja qual for o caso, uma vez dada a punição, o assunto deve ser relegado ao passado, particularmente se a criança demonstrar ter aprendido a lição. Todavia, alguns adultos são incapazes de fazer isso e continuam a levantar o assunto uma e outra vez.

Quando Simone tinha dez anos, furtou um dinheiro da bolsa da mãe. O caso foi descoberto e Simone foi punida, sendo obrigada a cumprir tarefas extras, como engraxar sapatos, limpar o jardim e outras tarefas domésticas, até que seus pais considerassem que sua ação já tinha sido paga.

Apesar de não gostar das tarefas que lhe foram dadas, Simone sabia, no fundo, que as merecia e não ficou ressentida com seus pais. O que a perturbou — na época e nos anos que se seguiram — foi que eles nunca mais confiaram nela. Se a mãe saía da sala, fazia questão de demonstrar que estava levando a bolsa consigo. Se Simone economizava sua mesada e comprava algo, era interrogada a respeito de como conseguira ter fundos suficientes para tal compra. Se saía para fazer compras para a mãe, tinha que prestar contas de todos os centavos que gastara.

Ao recusarem-se a confiar na filha ou lhe dar uma segunda oportunidade, os pais criaram em Simone o sentimento subconsciente de que ela não valia nada e que ninguém jamais voltaria a lhe confiar dinheiro. Com o passar do tempo, essa sensação cresceu a ponto de levá-la a acreditar que ninguém confiaria nela para nada.

Simone poderia ter crescido e assumido a atitude de que, já que ninguém ia confiar mesmo nela, poderia se tornar uma pessoa desonesta e não confiável. Felizmente isso não aconteceu, e ela se tornou uma pessoa adulta que era ao mesmo tempo honesta e confiável. Mas também era uma adulta com uma auto-imagem pobre.

Ao lembrar-se de sua infância, se você sente que havia um pai ou outro adulto que se encaixa numa das categorias

86 Traumas de infância

descritas neste capítulo — alguém que não lhe queria mal,
mas cujas palavras ou ações ajudaram a diminuir sua confiança —, tente o exercício seguinte.

Exercício — a carta

- Primeiro você tem que identificar mentalmente a pessoa em
  questão e a maneira como agiu em relação a você. (Se houver
  mais de uma, por favor, lide com uma de cada vez.)
- Agora, escreva uma carta para essa pessoa, tendo consciência de que essa carta *jamais* será enviada. Coloque na
  carta todos os sentimentos de que se lembra da infância,
  descrevendo precisamente que ações ou palavras dessa pessoa
  lhe fizeram mal no decorrer dos anos.
- Algumas coisas para ter em mente:
  - Esta carta não tem de ser bem elaborada, com tudo listado
    cronologicamente. Comece por qualquer ponto e escreva
    as coisas como elas aparecerem em sua cabeça.
  - É muito importante ser completamente honesto sobre o
    que sentiu no momento e o que sente agora. Já que nin-
    guém, a não ser você, vai ler a carta, não é preciso ser
    educado ou poupar os sentimentos dos outros.
  - Não se preocupe se, ao escrever a carta, sentir-se mais
    emocionado do que esperava. Isso não é ruim e não terá
    nenhum efeito prejudicial a longo prazo sobre você.
  - Lembre-se de que você não está necessariamente culpando
    alguém pelo modo como foi tratado no passado. Como
    adulto, você pode entender que eles ou acreditavam real-
    mente que estavam agindo para o seu bem, ou que a própria
    criação que receberam os fazia agir de maneira equivocada.
- Após escrever a carta, você decide o que fará com ela. Talvez
  queira lê-la uma vez e destruí-la, ou talvez prefira deixá-la
  em uma gaveta. Uma advertência: se colocar na gaveta,
  assegure-se de que ninguém vai encontrá-la, pois isso só lhe
  traria sofrimento e angústia.

Escrever esta carta fará com que você traga à tona e expresse todas as emoções que vêm minando sua confiança há anos, as quais você ou não entendia, ou, talvez, não queria admitir para si mesmo. É um maravilhoso processo de limpeza e deve capacitá-lo a seguir adiante de maneira mais positiva.

CAPÍTULO 7

Violência física

As crianças e os animais têm algumas coisas em comum. Dão seu amor incondicionalmente e confiam nas pessoas com quem estão até que aconteça algo que as faça parar de confiar. Por causa disso, são particularmente vulneráveis a sofrimentos e sentimentos de rejeição ou traição.

Já examinamos a maneira como a rejeição à criança pode fazê-la perder todo sentido de auto-estima, tanto durante a infância como mais tarde, ao crescer, e como a perda da auto-estima pode levar à perda do prazer de viver. Que maior rejeição pode haver do que ser *deliberadamente* machucada — estamos falando agora de violência física — pelas pessoas nas quais se deveria confiar?

ABUSO SEXUAL

Isso é muito mais recorrente do que as pessoas pensam. Na verdade, provavelmente sempre foi, mas no passado, como não se falava sobre isso, ninguém percebia quando algum tipo de abuso sexual estava acontecendo. Nos anos recentes, mais e mais pessoas têm denunciado os horrores pelos quais passaram quando crianças.

É sempre doloroso quando um paciente me fala do abuso que sofreu quando criança — em especial quando é idoso. Sei, pela experiência, que a hipnoterapia pode ajudar as pessoas a se entenderem com seu passado e deixarem de ser adversamente afetadas por ele. Assim, quando trabalho com pessoas que estão na casa dos vinte ou trinta anos, por mais terrível que tenha sido seu passado, elas ainda têm a maior parte de sua vida adulta pela frente e podem ser felizes. No entanto, quando o paciente está com sessenta ou mesmo setenta anos, por mais que sua vida possa melhorar a partir daí, a maior parte dela se passou em sofrimento e angústia — e isso é uma tragédia.

Não estou dizendo que não vale a pena ajudar pessoas idosas — é claro que vale. Para elas, ser capaz de deixar para trás anos de angústia e aumentar sua confiança e felicidade é algo maravilhoso.

Talvez eu fosse muito ingênua quando mais jovem, mas três fatores me surpreenderam quando comecei a trabalhar com pessoas que haviam sofrido abuso sexual — algo em que me especializei. A primeira foi sua abrangência; a segunda é que muitos garotos são vítimas, e a terceira é que na grande maioria dos casos a pessoa que comete o abuso é parente ou amigo íntimo da família. Como alguém que teve uma infância muito feliz e que criou dois filhos, eu ficava horrorizada em pensar que qualquer criança poderia ser prejudicada de maneira tão terrível pelas pessoas que supostamente deveriam amá-la.

A hipnoterapia é um meio excelente de ajudar as pessoas a lidar com seu passado de abuso sexual, uma vez que podem fazer isso sem ter que "reviver" a dor sofrida. Também capacita aqueles que só têm uma vaga lembrança do que aconteceu a recordar toda a situação para que então — embora nunca realmente esqueçam o que aconteceu — possam se separar do fato e da angústia decorrente e finalmente não sofrer mais seus efeitos.

Você já deve ter ouvido falar da "síndrome da falsa memória", que pode ocorrer quando um terapeuta ou conselheiro influencia o paciente, sugerindo de alguma maneira que seu passado contém elementos de abuso sexual. Há os que acreditam que toda perturbação emocional decorre de alguma forma de abuso sexual — mas isso definitivamente não é verdade. Mesmo se fosse o caso, nenhum

90 Traumas de infância

terapeuta ou conselheiro éticos sonhariam em tentar colocar essas sugestões ou implantar essas idéias na mente de um paciente. Se alguma vez você encontrar um "profissional" assim, sugiro que educadamente se levante e vá embora.

Qualquer criança que sofre experiências de abuso sexual passa por uma série de emoções. Medo, dor e culpa, todos estão presentes. A culpa muitas vezes decorre do fato de a pessoa que comete o abuso (preocupada com sua própria segurança) advertir sua vítima a não dizer nada sobre o que acontece porque, se disser, ninguém acreditará nela ou acreditarão que a culpa foi dela. À medida que a criança cresce, cresce também o nível da culpa. "Eu devo ser mesmo muito depravada para que isso aconteça comigo", ou "Eu mereço ser tratada assim". Mesmo quando se torna um adulto e toma consciência de que esses pensamentos não são verdadeiros, eles ainda persistem enraizados no subconsciente.

Se alguém mais sabe da situação e nada faz para proteger a criança, comete talvez uma traição ainda maior.

Milena me contou que seu pai abusara sexualmente dela desde que tinha seis anos. Ele entrava sorrateiro em seu quarto no meio da noite, três ou quatro vezes por semana. Isso continuou por muitos anos porque Milena nunca teve coragem de falar com ninguém sobre o problema.

Embora ela mesma nunca tenha mencionado o fato a sua mãe — depois de o pai ter lhe garantido que nunca acreditariam nela —, Milena sentia que ela *deveria* saber o que estava acontecendo. "Aonde minha mãe achava que ele ia no meio da noite, dia sim dia não?", ela me perguntou. "Ela deveria saber o que ele estava fazendo — mas não fez nada para me ajudar."

Para Milena, isso era uma traição maior do que as ações de seu pai. Pensar que sua mãe sabia o que estava aconte-

Violência física **91**

cendo e mesmo assim nada fazia para protegê-la era quase insuportável.

A única emoção que a criança abusada nunca sente é a raiva. E é essa emoção que pode ajudar a mudar a percepção interior do adulto sobre o que aconteceu e desfazer um pouco do dano feito à criança. Depois que o adulto aprende a sentir e expressar sua raiva, a dor nunca é tão grande de novo. Pode haver tristeza pela infância perdida, mas a cadeia foi rompida e o adulto então não irá se tornar, ele também, um praticante do abuso nem uma eterna vítima.

Qualquer pessoa que abusa de uma criança é verdadeiramente uma criatura patética, uma vez que o que está procurando não é realmente a gratificação sexual, e sim uma maneira de exercer poder sobre alguém muito mais fraco do que ela. E qualquer pessoa que precisa sentir esse sentimento de poder possui um enorme sentimento de inferioridade. É por causa desse fato que a vítima do abuso pode se tornar ela também um adulto praticante do abuso. Sua auto-imagem foi tão afetada que o único alívio que pode encontrar é infligir dor a outra pessoa.

Aqueles que não se tornam praticantes de abuso correm o risco de se tornar vítimas para sempre. Com sua auto-estima corroída, eles se vêem como pessoas que merecem ser maltratadas e quase escolhem as pessoas que vão fazer isso com elas.

Quando conheci Judite, ela estava com uns 35 anos. Uma mulher inteligente e atraente, colecionava relacionamentos desastrosos, um depois do outro. Seu primeiro esposo era um alcoólatra que se tornava fisicamente violento sempre que bebia; o segundo era quase sempre verbalmente abusivo; o namorado atual a estuprara em duas ocasiões. Ela não o deixou, mas me procurou porque não conseguia entender o que fazia e por que sempre era atraída por esse tipo de homem.

92 *Traumas de infância*

Descobrimos que, na idade de nove anos, Judite havia sofrido abuso sexual, em várias ocasiões, do irmão de seu pai que morava com a família. Judite me contou que não via o tio há muitos anos porque ele agora vivia na Nova Zelândia e ela havia conseguido deixar todo o problema para trás e continuar com sua vida.

De certa maneira, ela havia conseguido. Tinha um bom emprego; era aparentemente confiante; não parecia sofrer de baixa auto-estima. No entanto, tudo isso era uma atuação. Interiormente, ela acreditava que devia ser maltratada pelos homens — afinal, essa foi sua primeira experiência. Assim, mesmo se encontrasse um homem que a colocasse em um pedestal e a tratasse maravilhosamente, não se sentiria atraída por ele. Esse tratamento entraria em conflito com sua auto-imagem, e a situação seria desconfortável. Quando encontrava homens que instintivamente reconhecia como pessoas que, de alguma forma, a tratariam mal, a situação parecia certa. Isso não entrava em conflito com sua visão interior sobre si mesma. Pelo contrário — a reforçava. Cada vez que alguém a tratava mal, sua visão interior se fortalecia e o padrão ficava cada vez mais difícil de ser rompido.

Foi só depois de conseguir, através de uma combinação de hipnoterapia e aconselhamento, fazer que Judite deixasse aflorar a raiva que nunca tinha sido capaz de sentir em todos aqueles anos, que ela começou a melhorar sua auto-imagem e se relacionar apenas com pessoas que a tratavam com o respeito e a atenção que merecia.

Essa raiva que precisa aparecer pode se manifestar de várias maneiras. Para a maioria das pessoas, é um sentimento extremo que as consome temporariamente (com segurança, se feita sob orientação) e depois passa. Manter a raiva por algo que já passou só causará mais sofrimento. É necessário passar por ela — e depois deixá-la ir, para que não afete o resto de sua vida.

A raiva de Cecília, uma de minhas pacientes, mostrou-se de maneira diferente. Criada na Irlanda por seus avós, quando criança foi abusada sexualmente várias vezes pelo avô, em um período relativamente curto. O abuso parou e o assunto nunca foi mencionado.

Cecília se tornou uma senhora tranqüila e refinada, artista por profissão. Pintava figuras botânicas detalhadas em matizes delicados. Nunca se casou e, quando a conheci, tinha pouco mais de sessenta anos.

Tendo passado a vida tentando controlar suas emoções, Cecília achava quase impossível experimentar sentimentos de raiva quando trabalhávamos juntas para superar os efeitos do abuso que havia sofrido na infância. Seu cérebro lhe dizia que ela estava com raiva, mas ela não se julgava capaz de *sentir* isso.

Na semana seguinte, recebi o telefonema de uma Cecília ansiosa. "Não sei o que está acontecendo comigo", ela disse. "Fico fazendo desenhos horríveis, vermelhos e pretos, de demônios e monstros. São horrorosos e muito perturbadores."

Consegui tranqüilizá-la. Essas pinturas eram a manifestação de sua raiva. Ao se ver incapacitada de expressá-la de outras maneiras, ela o fez através de sua pintura. Sugeri que pintasse tantos daqueles desenhos "horríveis" quanto sentisse necessidade e depois os destruísse, pois não precisaria mais deles. Ela fez isso — o que serviu para libertá-la de todos aqueles anos de raiva confinada.

VIOLÊNCIA FÍSICA

Há vários tipos de violência física, e cada uma delas pode ter um efeito traumático na vítima.

Vamos examinar primeiro o tipo que os perpetradores ficariam horrorizados em considerar como "violência" — o castigo deliberado por algum mau comportamento. Esse

94 *Traumas de infância*

tratamento — desde que tome a forma de uma palmada leve em oposição a uma surra brutal — parece não prejudicar o desenvolvimento da criança.

Você certamente já escutou frases como "Bem, eu levei umas palmadas quando criança e isso não me fez mal". Na verdade, eu mesma já disse isso. Eu levava palmadas se estivesse sendo desobediente e, embora naturalmente não gostasse, não me ressenti disso, aceitando-as como um castigo por algum episódio de mau comportamento. Não acho que isso tenha causado algum dano a minha psique. E, por mais fora de moda que pareça, não achava errado também dar umas palmadas em meus filhos, se eles não respeitassem minha advertência quando estavam se comportando muito mal. Como eles se tornaram dois homens gentis e amorosos, não acho que tampouco tenha lhes provocado algum mal.

A grande questão quanto a essa forma de punição é que a criança não se ressentirá disso desde que:

- se tenha a intenção de castigar e não de machucar. A palmada significa castigo e não uma forma de provocar dor;
- seja uma ação deliberada e não uma explosão descontrolada de temperamento por parte da pessoa que dá a palmada;
- uma advertência tenha sido feita antes — "Se você fizer isso de novo, vai receber uma palmada". Assim a criança sabe o que a espera.

Existe uma diferença enorme entre uma palmada única e o tipo de punição destinado a controlar por meio da dor. Bater com vara, chicote ou cinto não só causa sofrimento verdadeiro no momento, como também provoca um ressentimento que pode durar a vida inteira. Tenho um colega que nunca perdoou o pai por bater nele com uma bengala

Violência física 95

sempre que achava ter ele se comportado mal — embora seu pai possa realmente ter pensado que estava fazendo a coisa certa para criar o filho como achava que seria adequado.

Mesmo esse tipo de surra não tem relação com a dor que às vezes é provocada na criança apenas por gosto. Para tal tratamento não há desculpas. Completamente à parte do dano físico que é causado, o tormento mental é substancial. A vida da criança passa a ser governada pelo medo — o que, certamente, é o que o perpetrador quer. No caso do abuso sexual, a habilidade óbvia de machucar e aterrorizar dessa maneira é uma expressão da necessidade do adulto de exercer poder sobre alguém mais fraco e mais vulnerável. (Como sabemos pelos casos que são noticiados de tempos em tempos, infligir esse tipo de dor não está limitado apenas aos homens. Há menos mulheres que agem dessa maneira, mas quando o fazem, podem ser tão violentas quanto qualquer homem.)

Os pais de Jeremias se divorciaram quando o menino tinha apenas seis anos e ele e suas duas irmãs mais velhas foram criados pela mãe, uma mulher com uma atitude agressiva para com os homens pelo fato de seu marido a ter abandonado para viver com outra. Por causa dessa atitude, nenhum relacionamento que teve depois da dissolução de seu casamento se mantinha por muito tempo; nenhum homem agüentava sua língua mordaz e seus modos beligerantes e logo saíam de cena em busca de um relacionamento mais pacífico e harmonioso. Tudo isso só a deixava ainda mais amarga e ressentida.

Quando a mãe de Jeremias ficava chateada ou irritada, descontava seu mau humor no filho. Às vezes ela o surrava mesmo; outras vezes o agarrava pelo braço e literalmente o arrastava pelo chão até seu quarto e então, abrindo a porta, praticamente o jogava lá dentro. Aterrorizado e com dores, Jeremias nunca soube o que fizera para merecer tal tratamento.

96   *Traumas de infância*

É claro que ele nada tinha feito de errado mas, como o único homem nas proximidades, a mãe dava vazão a seus sentimentos de inadequação e rejeição exercendo poder sobre essa vulnerável criança. (Ela nunca agia da mesma maneira em relação às filhas.)

Quando conheci Jeremias, ele estava com cerca de quarenta anos. Tinha deixado sua casa aos dezesseis e nunca mais teve contato com a mãe até dois anos antes, quando uma de suas irmãs entrou em contato para lhe dizer que a mãe estava em um hospital, com uma doença terminal.

Quase contra sua vontade, Jeremias foi visitá-la e mal reconheceu a frágil sombra na cama do hospital como a mulher que o havia aterrorizado todos aqueles anos. Ele nada sentia por ela, a não ser pena de sua situação atual; o fato de tê-la visitado semanalmente até sua morte foi mais porque sentia que era seu dever fazer isso e não por qualquer sentimento de amor ou afeição.

Depois de abandonar a casa materna e enquanto estava construindo uma nova vida para si mesmo, Jeremias tinha conseguido submergir os sentimentos de medo e rejeição que haviam dominado sua infância. Mas ver sua mãe outra vez — embora ela já não tivesse o poder de aterrorizá-lo — fez aflorar todos aqueles antigos sentimentos de inadequação, rejeição e baixa auto-estima que se esforçara tanto para controlar.

Foi por isso que ele me procurou e foram necessárias várias sessões (inclusive trabalhando com o exercício do final deste capítulo) para que ele pudesse relegar o passado ao passado e continuar sua vida como um indivíduo completo e confiante.

MAUS-TRATOS E INTIMIDAÇÕES

Nos anos recentes, os maus-tratos e as intimidações entre colegas ocuparam as páginas dos jornais, em parte devido

Violência física   97

à morte trágica de algumas vítimas que não puderam mais suportar a tortura a que eram submetidas. Essa prática, porém, sempre existiu, embora algumas pessoas se recusem a admiti-la.

Uma criança que é atormentada por seus colegas sofre de muitas maneiras. Há a dor física, se houver golpes envolvidos; há o sentimento de isolamento, se ninguém entender a situação nem vier ajudá-las — ainda que essa ausência de ajuda se deva muitas vezes ao fato de o espectador também ter medo de ser outra vítima. Há também a ansiedade que cerca a vítima assim que acorda de manhã sabendo que terá de enfrentar outra vez seu algoz; e há o sentido de completa rejeição porque ela acredita que não tem amigos entre as pessoas de sua própria idade.

Com sorte, a criança que está sendo atormentada na escola pode sentir que tem um relacionamento suficientemente bom com o pai ou a mãe para lhes contar o que está acontecendo e, se fizer isso, os pais irão à escola e poderão tratar do problema. Mas algumas vezes — com ou sem razão — a criança não é capaz de falar com o pai ou a mãe sobre o problema. Outras vezes, ainda que tente se aproximar dos pais ou de outro adulto, a pessoa nada fará sobre a questão e isso será mais um componente do sentimento de rejeição — como se ninguém acreditasse que ela precisa de ajuda ou proteção. Ou talvez a pessoa diga à criança para "aprender a enfrentar a situação por si mesma" e "retribuir da mesma maneira", o que é de pouca ajuda, pois a criança já terá se tornado a vítima — tanto a seus próprios olhos como aos olhos de seu algoz. Se a situação continuar sem intervenção de fora, provavelmente isso não vai mudar.

O valentão da escola é como o adulto violento, no sentido de que está procurando desesperadamente uma sensação de poder para compensar seus próprios sentimentos de inadequação. E, como o adulto violento, é perfeitamente capaz de escolher como vítima alguém que já é vulnerável em

98 Traumas de infância

razão de seu nervosismo ou falta de confiança. Assim, por suas ações e pelo medo que induz nas vítimas, ele vai aumentar esses sentimentos de inferioridade de tal maneira que elas provavelmente se tornarão adultos que serão vítimas durante toda a vida.

Com freqüência uso o exercício a seguir com meus pacientes. Sua finalidade não é fazer com que você se esqueça do que aconteceu no passado. Isso não é possível. O que ele faz é alterar sua percepção interior acerca dessas ocorrências passadas, de modo que não sejam mais capazes de ter sobre você o efeito que tinham antes.

Ao fazer o exercício, você talvez se veja passando por um sentimento de raiva nunca presente. Não se preocupe. É um bom sinal. Não atrapalhará sua vida normal e você não se transformará em uma pessoa amarga e agressiva.

O exercício é também uma maneira de capacitá-lo a olhar o passado com neutralidade para que, mesmo em sua imaginação, não sinta mais a dor ou a angústia que sentia quando criança.

Exercício — a tela de cinema

- Encontre um lugar tranqüilo e confortável e passe vários minutos relaxando. Assegure-se de que seu corpo está tão livre quanto possível das tensões e que sua respiração está lenta e regular. Feche os olhos.
- Imagine que está sentado em uma confortável poltrona de cinema, esperando o filme começar — todas as outras poltronas estão vazias —, mas isso é completamente aceitável: você vai assistir a uma sessão privada. A tela está vazia, embora exista uma luz atrás; as cortinas estão baixadas.
- Ao contar até três, imagine que as cortinas são puxadas e na tela aparece uma *fotografia sem movimento, em preto-e-branco*, de uma situação de sua infância em que alguém deliberadamente infligia um sofrimento a você — seja um abuso sexual ou outra

Violência física 99

forma de violência física. Na tela, porém, vê-se a cena *antes* de a violência realmente ocorrer. Um - dois - três.

- Examine a cena com atenção — o ambiente, a criança que você era e a pessoa que você sabe que está pronta a cometer a violência —, mas não deixe que o ato violento aconteça. Lembre-se de que se trata de uma foto sem movimento.

- Na contagem seguinte até três — e não antes —, permita que essa fotografia imóvel em preto-e-branco se transforme num filme colorido do evento que aconteceu. MAS — *e isto é muito importante — não permita que a cena chegue até o momento em que a violência ou abuso ocorreu.* Congele o quadro imediatamente antes disso acontecer. Um-dois-três.

- Neste momento você vê na tela uma imagem colorida "congelada" de um adulto prestes a machucar a criança, mas que não chega a concretizar a violência. Em sua imaginação, levante-se de sua cadeira e invada a imagem existente entre a criança e o agressor. Encare-o.

- Agora, usando quaisquer meios que sua imaginação criar, *impeça aquela pessoa de ferir a criança!* Como se trata apenas de imagens dentro de sua cabeça que realmente não podem fazer mal a ninguém, você pode usar métodos que jamais pensaria usar na vida real. Conheci as pessoas mais gentis imaginando chutar o agressor, esfaqueá-lo, ou atirar nele. Uma chegou a imaginar cortá-lo em pedacinhos com um machado! Lembre-se, você tem que proteger aquela criança e assegurar-se de que não seja machucada. Continue fazendo isso pelo tempo que julgar necessário.

- Quando o agressor for posto fora de ação, volte-se para a criança e abrace-a. Diga-lhe o quanto a ama e como *sempre* acreditará nela e estará ali para protegê-la pelo resto de sua vida.

- Imagine como a criança se sente agora, sabendo que é querida e que haverá sempre alguém que cuidará dela. Transforme essa sensação em palavras dentro de sua cabeça.

- Mantendo a sensação cálida e positiva que você acabou de criar, passe vários momentos relaxando e respirando vagarosa e regularmente e então, quando sentir que é a hora, abra os olhos.

100 Traumas de infância

Não se preocupe se, depois desse exercício, você sentir vontade de chorar. Não serão lágrimas de pena ou dor, mas sim de alívio e emoção — e logo irá passar. Mas aquele acontecimento jamais terá o mesmo poder sobre você — e nem a pessoa que o praticou.

Se você vivenciou muitas situações desse tipo na sua infância — particularmente se envolveram mais de uma pessoa —, repita o exercício quantas vezes quiser. Entretanto, nunca o faça mais de uma vez ao dia; não lhe fará mal, mas também não permitirá que seu subconsciente obtenha o máximo benefício.

CAPÍTULO 8

Abuso da mente

O sofrimento infligido deliberadamente a uma criança nem sempre é físico. O abuso mental e o emocional são igualmente traumáticos — em alguns casos, até mais. Isso pode acontecer porque a situação muitas vezes é contínua e a criança sente não ter como escapar dela; também, porque ninguém de fora é capaz de ver o mal que está sendo feito. Os cortes e machucados são visíveis e precisam de explicação; não raro é possível encontrar as evidências do abuso sexual, quando se procuram. Mas como a vítima pode provar que está sendo mental ou emocionalmente ferida, em particular se é sua palavra contra a do adulto ou do grupo de colegas?

FAZENDO AMEAÇAS

As crianças são muito crédulas até aprenderem, por meio da experiência ou de exemplos, que não devem sê-lo. Acreditam automaticamente nas promessas ou ameaças que são feitas. Um de meus pacientes me contou que sua mãe tentava fazê-lo se comportar dizendo coisas como "Se fizer isso outra vez, a mamãe não vai mais gostar de você". De fato, sua mãe era uma mulher muito amorosa, que fazia tudo o que podia pelos dois filhos. Estou certa de que ela não tinha consciência do impacto das palavras tolas – mais do que cruéis – que dizia, mas meu paciente, hoje com mais de cinqüenta anos e avô, ainda pode se recordar não apenas dessas palavras como também do sofrimento e do terror que elas provocavam nele quando criança.

102 *Traumas de infância*

Outras ameaças podem causar grandes danos. Dizer a uma criança que ela será mandada para longe se continuar se comportando mal pode provocar verdadeiro pavor em seu coração, particularmente se histórias lúgubres e terríveis são contadas sobre a "casa onde moram as crianças más".

A mãe de Tiago e Michel era uma mulher infeliz que tentava se animar fazendo que seus filhos lhe dissessem o quanto a amavam. Freqüentemente lhes perguntava "Vocês amam sua mãe?" e, se eles respondiam afirmativamente, insistia: "Quanto?"

Um dia, ela perguntou: "Vocês amam sua mãe mais do que tudo no mundo?", e os meninos, que também amavam o pai e os avós, hesitaram, sem ter certeza do que dizer. A reação da mãe foi lhes dizer que, se não a amassem mais do que tudo, ela ia sair de casa e encontrar outros meninos que a amassem assim. Isso teve um efeito aterrorizador sobre as crianças — que tinham na época três e seis anos —, tanto que eles se agarraram à mãe chorando, pedindo-lhe para não ir embora e prometendo amá-la sempre mais do que tudo no mundo.

Essa mãe tinha encontrado sua arma. Daí em diante, por toda a infância dos meninos, ela ameaçava ir embora, sempre que isso servia a seus propósitos.

Podemos perdoar a mãe pelas palavras tolas do primeiro episódio, tentando justificá-la por algo em seu passado que a fez ter uma opinião tão ruim de si mesma, a ponto de precisar das juras de amor de duas crianças para se animar. Contudo, tendo em vista o efeito de sua ameaça em seus filhos, já não há desculpas para sua constante repetição durante os anos seguintes. Isso era crueldade deliberada porque ela *sabia* que efeito suas palavras provocavam nas crianças e estava deliberadamente lhes infligindo sofrimento a fim de aumentar sua própria sensação de poder.

Abuso da mente 103

AMEAÇAS DE VIOLÊNCIA FÍSICA

As ameaças de violência física podem ser muito assustadoras, mesmo se a violência de fato nunca se concretizar. Não estou falando aqui do "Se você fizer isso de novo, lhe dou uma palmada" porque, nesse caso, a criança entende a situação. Ela sabe que fez algo errado e está sendo avisada sobre a conseqüência se repeti-lo. Então, se escolher repetir o erro, entenderá a justiça da punição. No entanto, a ameaça de sofrimento físico real é bem diferente!

Rose tem agora cerca de trinta anos. Ela teve uma infância muito difícil — sua mãe morreu quando tinha somente quatro anos e, como filha única, foi criada por uma avó cuidadosa mas pouco carinhosa e via seu pai apenas nos finais de semana.

Quando Rose estava com dez anos, seu pai se casou de novo e ela foi viver com ele e a madrasta. Infelizmente, essa mulher tinha um sério problema com bebidas que conseguia esconder de muita gente. Havia ocasiões em que, ao voltar da escola para casa à tarde, Rose encontrava a madrasta esperando por ela na porta, bêbada e com uma grande faca na mão. Ela encarava a menina apavorada e lhe dizia que, se tentasse entrar na casa, a mataria. Rose corria e se escondia no jardim, só ousando se aproximar outra vez quando via seu pai chegar do trabalho.

Esse comportamento por parte de sua madrasta só acontecia de vez em quando — talvez três ou quatro vezes ao mês — e só quando ela estava extremamente bêbada. Mas, como Rose nunca foi capaz de prever qual seria a atitude da madrasta quando chegasse em casa, o medo era seu companheiro constante.

A madrasta, embora nunca tenha sido a mãe amorosa que Rose gostaria, jamais lhe causou nenhum dano físico com a faca ou qualquer outro objeto. Porém sua ameaça — e portanto o medo — sempre esteve presente. Quando Rose

104   *Traumas de infância*

tentou contar ao pai o que acontecia, ele não acreditou. Apesar de saber que sua esposa gostava de beber, nunca a tinha visto em seus piores momentos e certamente jamais a escutara fazer qualquer ameaça à filha. Ele considerou os comentários de Rose como ressentimento por outra mulher estar tentando ocupar o lugar de sua mãe.

Rose chegou à conclusão de que não tinha a quem recorrer. Vivia em estado permanente de medo da madrasta, e o pai pensava que era mentirosa. A menina se refugiou mais e mais em si mesma e, ao entrar na adolescência, primeiro começou a praticar pequenos roubos e depois desenvolveu um distúrbio alimentar que durou mais de vinte anos. Foi para tratar desse problema com a alimentação que ela me procurou.

CRITICISMO

As palavras podem causar um sofrimento devastador em qualquer um, mas particularmente nas crianças. Escutar alguém dizer várias e várias vezes que "Você é um estúpido", "Você é ruim", "Você é um inútil" não pode deixar de ter um efeito negativo na pessoa a quem essas palavras são dirigidas.

Se a repetição de palavras e frases não fosse tão eficaz, por que tantas empresas gastariam tanto com a publicidade para repetir o nome e as qualidades de seu produto?

Mesmo quando um adulto, anos mais tarde, olha para trás e compreende que as palavras cruéis que lhe foram dirigidas eram injustas e que, quando criança, ele na verdade não era "estúpido" nem "inútil", o dano pode ser tão grande que é preciso esforço considerável — muitas vezes com ajuda externa — para eliminá-lo.

Todos nós queremos que nossos filhos cresçam para serem cidadãos razoavelmente bem-educados e bem adaptados, e uma certa quantidade de crítica é aceitável. Mas ela

Abuso da mente   105

só pode ser aceita se for justa e contrabalançada por quantidade semelhante de elogio, quando este é merecido.

Ainda me lembro de, quando criança, ter sido repreendida por uma das minhas professoras porque ela achava que eu não tinha estudado para a prova de física. Disse que eu era preguiçosa e que realmente merecia a nota baixa que recebera, e continuou insistindo em que eu nunca seria boa em nada. O que realmente me doeu foi a injustiça daquilo. Eu nunca me interessei muito — nem era boa — pelas disciplinas exatas, mas, decidida a tirar uma nota razoável na prova, tinha passado horas estudando física. E lá estava ela me dizendo que eu não tinha estudado.

Que eu não fosse boa em nenhuma das matérias exatas, realmente não importava. No primeiro momento possível, separei-me para sempre delas. Mesmo agora, porém, passados quarenta anos, ainda posso me lembrar de meus sentimentos feridos por aquela professora não acreditar que eu tinha feito um esforço. Pensem em como deve ser terrível para uma criança pequena escutar *constantemente* as pessoas em quem confia lhe dizer que ela não é boa ou que nunca conseguirá fazer alguma coisa. Certamente isso vai ter algum efeito sobre ela.

Embora seja muito triste, é raro, nesses dias de agitação, pressa e televisão, uma família se sentar junto à mesa para uma refeição — e assim se perde uma das grandes oportunidades de se ter uma boa conversa. No entanto, pense em como deve ser perturbador se, quando isso acontece, a única conversa que se tem à mesa é a crítica. "Sente-se direito", "Não ponha os cotovelos sobre a mesa", "Acabe de comer o que pôs no prato". Isso pode fazer da hora das refeições um momento a ser temido e não desfrutado como um prazer.

Muitos dos pacientes que me procuraram todos esses anos eram, eles mesmos, extremamente duros com os filhos com o objetivo de torná-los pessoas realizadoras. Não apenas

106   *Traumas de infância*

porque desejavam fazer o melhor possível, mas também porque ainda estavam tentando receber a aprovação de alguém que, tantos anos atrás, só fazia críticas a seus esforços. Essas pessoas se tornam exaustas em função do trabalho excessivo e do estresse profundo porque, em seu subconsciente, nada do que fazem é suficientemente bom. E assim exigem cada vez mais de si mesmas.

Muitas vezes essas pessoas caem vítimas dos efeitos prejudiciais, físicos e mentais do estresse, sofrendo de dores de cabeça e irritabilidade constante a enfartes e derrames. É só quando recebem ajuda de fora, que as leva a parar e pensar no que estão fazendo e se perguntar a quem realmente estão tentando agradar, que compreendem por que sempre agiram dessa maneira. Tal é o poder do criticismo constante sobre a mente de uma criança; a crítica ficará retida em seu subconsciente e a acompanhará em seus anos de adulto, freqüentemente com efeitos prejudiciais.

COMPARAÇÕES

Fazer comparações entre crianças — particularmente entre irmãos — nunca é bom. Mas em algumas famílias o favorecimento de uma criança em detrimento de outra fica tão óbvio com a repetição, que a menos favorecida certamente termina sofrendo.

Todas as crianças são diferentes, com aptidões, habilidades e qualidades pessoais diferentes, e é injusto compará-las dentro de uma família. Ademais, isso vai causar ressentimentos entre as próprias crianças.

Não há nada de errado com uma certa dose de competitividade. Uma criança será a melhor em história, enquanto a outra será a melhor do time. Contudo, reconhecer as proezas de uma criança não justifica diminuir a outra por não ser capaz de alcançar o mesmo nível de realização.

Abuso da mente 107

Isabel era dois anos mais jovem que sua irmã Kátia. Brilhante por natureza, Isabel ia muito bem na escola. Kátia, que também era inteligente, tinha que se esforçar mais para ganhar notas que ainda assim não eram tão boas quanto as de sua irmã. Ambas tinham consciência da situação, mas realmente não se incomodavam muito com isso, pois tinham objetivos e interesses diferentes. Seus pais enfrentavam a situação elogiando Kátia por suas notas médias tanto quanto elogiavam Isabel pelas suas, normalmente as melhores da classe.

As irmãs entraram para o colégio e tudo foi relativamente bem até o dia em que o professor de matemática de Kátia, exasperado porque a garota estava tendo dificuldades com os exercícios, exclamou: "Oh, pelo amor de Deus! Sua irmã pode fazer isso e é dois anos mais jovem do que você!" Ouvir esse comentário não foi nada bom para a confiança de Kátia e o efeito foi ainda pior porque isso foi dito na classe, na frente de todos os seus colegas.

A partir desse momento, Kátia desistiu de se esforçar para conseguir aprender matemática. Ela nada podia fazer sobre o fato de sua irmã ser capaz de entender novas idéias bem mais rapidamente do que ela, mas sentiu-se tão humilhada por isso ter sido revelado diante de seus colegas que decidiu não mais se esforçar. Afinal, se você não tomar parte de uma corrida, pode não vencer nunca, porém ninguém vai dizer que você perdeu.

O problema não parou aí. Bem no fundo, Kátia sentia-se decepcionada consigo mesma por se recusar a se esforçar, e assim sua auto-estima ficou ainda mais baixa. Ela começou a pensar que era inútil e logo sua letargia se espalhou também para outras áreas. Então, não apenas os professores, como também seus pais, começaram a censurá-la, incapazes de entender por que de repente ela havia perdido todo o interesse pela vida escolar. Kátia se viu presa em um círculo vicioso de baixa autoconfiança e autodesprezo.

108 *Traumas de infância*

Depois de abandonar a escola com dezesseis anos e passar de um emprego para outro, ela finalmente decidiu fazer algo a respeito de sua decaída auto-imagem. Voltou aos estudos e entrou na faculdade quando tinha cerca de 25 anos. Completou seus cursos e por volta dos trinta anos se formou em pedagogia.

O que teria acontecido, contudo, se ela fosse menos decidida? Poderia ter passado o resto de sua vida pensando que não era boa para nada e que não havia sentido em tentar se esforçar. Teria tido uma vida muito menos interessante e muito menos autocompensadora.

Todos conhecemos famílias onde um dos pais favorece abertamente um dos filhos. Quase todos fazemos isso de vez em quando. Quase todos temos dias em que gostamos de um dos filhos mais do que dos outros. Provavelmente, os menos favorecidos estavam se comportando muito mal naquele dia. Mas, como é provável que o favorecido, no dia seguinte, quase nos leve à loucura, esse tipo de favoritismo tende a se equilibrar por si mesmo. De qualquer forma, se a criança pensar bem sobre a situação, saberá perfeitamente que tem se comportado mal e poderá entender a justiça com que foi tratada naquela ocasião específica.

Há famílias, no entanto, em que sempre a mesma criança é favorecida. "Por que você não pode ser como sua irmã?"; "Olhe como sua irmã está limpa e arrumada"; "Sua irmã terminou a tarefa e você nem começou." Esses comentários dificilmente vão fazer a menos favorecida estimar mais a irmã e, pior do que isso, ela começará a acreditar que, aos olhos do pai ou da mãe, vale menos — e essa crença, profundamente enraizada, pode ter efeitos desastrosos a longo prazo.

Elsa estava com pouco mais de sessenta anos quando a conheci, e as comparações da infância a fizeram viver uma vida de tristeza. Ela era cinco anos mais jovem que seu irmão. Seu pai era um homem distante, que estava

Abuso da mente   109

sempre trabalhando ou sentado em uma poltrona lendo. Ele tinha pouco contato com seus dois filhos, acreditando (como era comum nos anos 20) que ser um bom pai era garantir o suporte financeiro da família.

A mãe das crianças definitivamente favorecia o filho em detrimento da filha. Artur sempre recebia o melhor de tudo, enquanto Elsa ficava com as sobras. Como era de se esperar, Artur se tornou um menino mimado e muitas vezes era cruel com a irmã mais nova, beliscando-a, puxando seu cabelo, roubando seu brinquedo favorito e geralmente fazendo-a chorar. A mãe nunca a escutava e sempre ficava do lado de Artur, culpando Elsa por ser uma "menina má, que contava mentiras". Assim, Elsa parou de se queixar. Começou a acreditar que era má e talvez merecesse os maus-tratos de Artur e a falta de compreensão da mãe.

Quando estava com dezessete anos, Elsa se viu empurrada pela mãe a um casamento que realmente não queria, com um homem que mal conhecia. Todavia, como não tinha mais capacidade de discutir, acreditou quando sua mãe lhe disse que devia agarrar a oportunidade, pois ninguém mais iria querer se casar com ela.

O esposo de Elsa a tratava com tão pouco respeito quanto sua mãe e seu irmão. Após o nascimento do filho Lionel, ele não perdia a oportunidade de criticá-la, xingando-a, dizendo que sua comida só servia mesmo para os porcos, que ela não sabia como cuidar de uma casa. Ele não era fisicamente violento — embora isso talvez até fosse mais fácil de suportar —, mas sexualmente a ignorava por completo e teve um caso depois do outro até sua morte no final dos anos 70.

A essa altura, uma coisa terrível tinha acontecido. Tendo sido criado em um ambiente em que o pai vivia criticando a mãe que aceitava tudo, desculpando-se, Lionel começou a agir exatamente da mesma maneira com ela. Além disso,

110 *Traumas de infância*

era fisicamente violento. Se queria algo dela — em geral dinheiro —, não pensava duas vezes para gritar, empurrá-la, chegando mesmo a esmurrá-la. Uma vez Elsa caiu e quebrou o pulso, mas ele nada fez para ajudá-la.

Elsa não contou a ninguém o que estava acontecendo, explicando seus cortes e machucados como descuido. Estava tão envergonhada do que seu filho fazia que não podia suportar que alguém ficasse sabendo. Ademais, ela se condicionara por tantos anos a acreditar que era uma vítima sem valor que o padrão estava enraizado demais para ser rompido.

No final, um vizinho acabou percebendo a situação, fez amizade com Elsa e a persuadiu a me procurar. Foi preciso muito tempo, mas acabamos atingindo o estágio em que começou a acreditar em si mesma pela primeira vez na vida. Ela se recusou a aceitar a atitude de seu filho violento, juntou-se a um clube de aposentados e finalmente começou a se divertir um pouco. No entanto, havia perdido todos aqueles anos de sua vida.

OUTRAS CRIANÇAS

Nem sempre é um adulto quem causa o trauma na infância. Outras crianças também podem causar danos. Já examinamos os maus-tratos e as provocações e o efeito devastador que podem ter sobre uma criança. Mas existe ainda outra forma de crueldade.

Recusar-se a falar com uma determinada criança — mandando-a para a "geladeira" — pode ser realmente perturbador para a vítima. Como também pode acontecer com aparentemente pequenas chateações, como ter seus livros e brinquedos roubados ou escondidos regularmente. Ter que ficar no recreio sozinho quando todos os outros colegas parecem ter uma multidão de amigos pode doer mais

Abuso da mente   111

que um sofrimento físico. Você provavelmente se sur-
preenderia se soubesse o número de pessoas de meia-idade
que ainda se lembra muito bem desse tipo de humilhação
pública na escola.

O problema não é o objeto perdido; nem é o fato de não
ter ninguém com quem conversar. É o que essas coisas
dizem quando se é criança — "Ninguém quer ficar comigo;
todo mundo me ignora ou zomba de mim; devo ser alguém
que não vale a pena conhecer".

Algumas pessoas que passam por esse tipo de experiência na infância acabam se tornando os marginais da
sociedade — desde criminosos violentos que querem
se vingar do mundo por tê-los feito sofrer tanto, a marginais que se recusam a fazer alguma coisa porque verdadeiramente acreditam que não merecem mais do que isso.
A maioria, no entanto, tenta levar uma vida "normal",
mas nunca consegue superar a inferioridade que sente
devido ao modo como foi tratada todos esses anos do
passado.

O exercício que segue tem o objetivo de ajudá-lo a deixar para trás a dor do sofrimento mental ou emocional que
lhe foi infligido durante a infância, permitindo-lhe seguir
adiante com determinação e de maneira positiva e também
com a crença de que as coisas realmente podem melhorar
no futuro.

Exercício — as fotografias

- Como nos outros exercícios, comece encontrando um lugar
  confortável onde possa relaxar. Feche os olhos e se con-
  centre por alguns momentos em respirar lenta e harmo-
  niosamente.
- Imagine que há uma mesa à sua frente e, sobre ela, três
  porta-retratos, cada um contendo uma fotografia sua. A
  primeira mostra você quando criança, quando não estava

112   *Traumas de infância*

feliz por causa das palavras ou ações de uma ou mais pessoas ao seu redor. É uma foto apenas da sua cabeça e ombros e *não* mostra nada de ruim acontecendo a você.

A segunda foto é de você hoje e a terceira retrata a pessoa que você se tornará depois de passar algum tempo trabalhando consigo mesmo e com sua confiança.

- Olhe a primeira foto bem de perto e tente colocar em palavras o que você pode dizer da pessoa mostrada ali. Parece feliz ou triste? Ou ansiosa? Ou tímida? Encontre sua própria descrição daquela criança.

- Agora observe a segunda foto. Embora essa pessoa ainda tenha problemas, perceba que, por ler este livro, ela mostra coragem e iniciativa para começar a fazer algo para superá-los.

- Olhe a terceira foto — a que mostra como você estará no futuro, quando já tiver lidado com os problemas do passado, elevado sua auto-estima e estiver vivendo como a pessoa positiva que nasceu para ser.

- Se você pudesse ficar apenas com uma dessas fotos, qual escolheria? Provavelmente seria a terceira — a que mostra a pessoa feliz e positiva no futuro.

- Agora você tem de encontrar uma maneira de se livrar das outras duas fotos em sua imaginação. Imagine-se rasgando-as, queimando-as, colocando-as em um corta-papel — qualquer coisa. Decida o que deseja fazer — e veja-se fazendo isso em sua imaginação.

- Agora você tem em mãos somente a terceira foto, a positiva. Deixe que ela cresça em tamanho até que, em sua mente, preencha todo o espaço ocupado pelas três fotos iniciais.

- Observe atentamente a foto e imagine como se sente a pessoa mostrada ali. Se conseguir imaginar, você pode — e conseguirá — se transformar nessa pessoa. Já vimos como o subconsciente é verdadeiramente poderoso e aceita como realidade qualquer imagem que repetidamente colocamos lá.

Abuso da mente   113

Talvez você tenha que repetir o exercício várias vezes — mesmo em um período de duas ou três semanas. Mas não desista e logo você vai aceitar o fato de que a pessoa forte e positiva da fotografia realmente é a pessoa que você está destinado a ser.

CAPÍTULO 9

Um futuro positivo

A esta altura, se você trabalhou com os exercícios mostrados nos capítulos anteriores, já percorreu um longo caminho no sentido de enterrar os fantasmas do passado. Ninguém está dizendo que você, em algum momento, será capaz de esquecer os traumas de sua infância — talvez isso nem seja uma boa coisa a fazer —, mas será capaz de vê-los sob uma luz diferente e não mais se culpará por coisas que nunca foram culpa sua.

Se você sentir que ainda há algumas áreas de dúvida em sua mente em relação a ter ou não conseguido isso, talvez seja uma boa idéia retornar ao capítulo ou capítulos que parecem mais de acordo com suas lembranças da infância e trabalhar outra vez os exercícios sugeridos.

Como em muitos aspectos da vida, preparar-se bem é essencial. Se estivesse decorando sua casa, você nem pensaria em aplicar a tinta fresca sem antes lixar a parede — seu tempo, esforço e dinheiro seriam desperdiçados, pois o efeito não duraria muito. Da mesma maneira, se você quer seguir adiante e se desenvolver, primeiro deve ter certeza de que lidou adequadamente com o que o afetou no passado. Portanto, não pense que, se tiver que repetir qualquer um dos exercícios anteriores ou reler algum dos capítulos, terá fracassado. Não. Pelo contrário, você tem sabedoria suficiente para se dar ao trabalho de se preparar bem para o futuro brilhante e positivo que está à sua frente.

Depois de lidar com seu passado, é tempo de seguir adiante e aprender algumas maneiras de fortalecer sua auto-

Um futuro positivo 115

estima. Você já tem à sua disposição a ferramenta mais importante para conseguir isso — sua mente.

O PODER DA MENTE

Dependendo do tipo de especialista que você escutar, ele lhe dirá que a maioria de nós não usa mais do que 3%, 5% ou 10% do cérebro. Imagine o que poderíamos alcançar se dobrássemos o que já usamos! E que maneira melhor de usá-lo do que para melhorar nossa vida e, desse modo, melhorar também a vida das pessoas com quem nos relacionamos?

SOLILÓQUIO

Todos nós falamos "sozinhos" todo o tempo, ainda que não percebamos que estamos fazendo isso. Cada vez que temos um pensamento, estamos, de fato, falando conosco mesmos. Quase sempre, é claro, esse solilóquio é banal — "Está na hora de dar comida para o cachorro", "Tenho que terminar esta carta a tempo de levá-la ao correio" ou "Estou com vontade de tomar um cafezinho".

Em muitos casos, no entanto — e em particular quando a pessoa em questão tem um nível baixo de auto-estima —, esse solilóquio é decididamente negativo. Quantas vezes você já se repreendeu mentalmente por ter feito algo errado ou ter deixado de fazer algo? Com muita freqüência, eu acho.

Tudo isso está muito bem. Se por essa forma de autocrítica mental você é capaz de se estimular a fazer esforços maiores e evitar repetir o erro, então o solilóquio negativo terá servido a seu propósito. Mas, em muitos casos, tudo o que você fará é reforçar a imagem que já tem de si mesmo —

116 *Traumas de infância*

a de alguém que sempre comete erros, que nunca consegue o que pretende ou que é menos capaz do que os outros.

Se o solilóquio negativo pode drenar a força de sua auto-imagem, imagine o que o contrário poderá fazer. Se você se permitir um tempo para prestar atenção quando fizer alguma coisa bem-feita, e se der a si mesmo "um tapinha mental de congratulação" pelo que fez, vai se sentir mais confiante e mais capaz quando situações semelhantes ocorrerem no futuro.

Se quiser ver isso em ação, observe alguns dos grandes desportistas mundiais, homens e mulheres. Veja como eles falam consigo mesmos — muitas vezes em voz alta — quando querem se estimular a se esforçar mais e alcançar a vitória. Quem já viu as transmissões televisivas dos torneios de tênis em Wimbledon, terá observado campeões como Martina Navratilova, Boris Becker e Steffi Graff falando consigo mesmos o tempo todo. É provável que você jamais tenha pensado em jogar tênis em Wimbledon, mas pode usar essa técnica em qualquer coisa que quiser fazer.

Às vezes, o solilóquio negativo é retrospectivo. Quem de nós nunca se deitou na cama e pensou no dia que teve, e disse, sozinho, "Se eu não tivesse dito isso...", ou "Se eu tivesse feito aquilo..."? É igualmente importante nos congratularmos quando estivermos contentes com alguma coisa que falamos ou fizemos. Isso não é ser convencido nem vaidoso — é apenas ser honesto.

Exercício 1 — solilóquio positivo

- Toda noite, antes de dormir, pense em como foi o seu dia e escreva três coisas que você disse ou fez que lhe deixaram contente. Não é preciso que sejam coisas de grande importância — até a mais trivial servirá. Claro, se tiver feito bem uma prova, conseguido um novo emprego, ou vencido uma competição, isso é excelente. Mas é também importante

Um futuro positivo   117

saber que você terminou de arrumar o arquivo, telefonou para uma tia ou resistiu àquele pedaço de bolo de chocolate.

- Agora, escreva três coisas boas do dia que não foram de sua responsabilidade — talvez uma flor que tenha brotado no jardim, uma carta que recebeu de um amigo ou um bom programa de televisão.
- Quando estiver na cama e antes de começar a pegar no sono, repasse essas seis coisas em sua mente, repetindo-as para você mesmo duas ou três vezes.

Como os últimos pensamentos que temos antes de dormir à noite ficam "matutando" em nosso subconsciente enquanto dormimos, você estará dando a sua mente vários pensamentos positivos nos quais se concentrar. Alguns aumentarão seu sentimento de confiança interior porque são realizações pessoais; outros o ajudarão a acreditar que — não importa o que tenha acontecido no passado — o mundo pode ser um bom lugar para se viver.

VISUALIZAÇÃO

Nós já usamos a visualização para lidar com os problemas do passado. Agora é hora de dar uma olhada em como é possível usar positivamente a sua imaginação para se tornar uma pessoa mais confiante e capaz.

A visualização para o autodesenvolvimento implica visualizar, em sua imaginação, uma situação com a qual está prestes a lidar e que talvez lhe cause alguma apreensão.

Há vários estágios para a visualização positiva:

1. Sempre comece praticando a técnica de relaxamento que você conhece ou prefere. (Se nunca tentou uma técnica de relaxamento antes, simplesmente deite-se ou sente-se confortavelmente com a cabeça e a nuca

118   *Traumas de infância*

apoiadas. Concentre-se por alguns minutos em estabelecer um ritmo lento e regular para sua respiração. Depois, começando dos pés e trabalhando em direção à cabeça, focalize sua atenção em cada conjunto maior de músculos, retesando-os e depois deixando-os moles. Os últimos a serem trabalhados devem ser os dos ombros, pescoço, maxilares e face.)

2. Feche os olhos e "veja" em sua mente a situação que deseja trabalhar. Certifique-se de que, nessa imagem, tudo aconteça exatamente como você gostaria. Você enfrenta a situação com sucesso e sem estresse. Este não é o momento de pensar que é assim que você gostaria que fosse — na visualização positiva não há espaço para dúvidas. Pense nisso como um ensaio — a diferença é que você está ensaiando na mente, e não na realidade.

3. Repita o processo pelo menos uma vez por dia por cerca de três semanas. A essa altura você deverá notar uma mudança significativa em (a) suas emoções enquanto imagina a cena escolhida e (b) seus sentimentos e comportamento quando enfrenta a situação na realidade.

4. Só passe para outra situação quando já tiver completado o processo e lidado com um tipo de problema. A mente subconsciente é muito eficiente e garantirá o seu sucesso, entretanto ela não trabalhará tão bem ou não tão rapidamente se você sobrecarregá-la com muitas tarefas ao mesmo tempo. Pense nela como um computador que, quando corretamente programado, não sabe o que significa fracasso mas que pode trabalhar apenas com um programa de cada vez.

Luís ganhou recentemente um prêmio em uma competição nacional e, em conseqüência, lhe pediram que fizesse uma palestra para um grupo de empresários locais em uma recepção dada em sua honra. Como nunca havia feito nada parecido, Luís estava compreensivelmente ansioso com o evento. Ele me procurou cerca de um mês antes da palestra, o que nos deu tempo suficiente para trabalhar com a técnica da visualização positiva.

Depois de relaxar, Luís se imaginava no salão onde seria realizada a recepção. (Ele não sabia como era exatamente o salão, mas, para os propósitos da visualização, isso não é importante.) Em sua mente, ele "viu" o presidente do encontro apresentando-o e em seguida se imaginou de pé, ministrando sua palestra.

Como Luís sabia bem o que ia falar, não tive que trabalhar com ele como elaborar sua palestra — embora isso também fosse possível. Em seu caso, tratava-se apenas de nervosismo.

Pedi a ele que passasse pelo menos quinze minutos por dia imaginando essa cena — visualizando a si mesmo falando calmamente e mantendo a atenção da audiência; e também visualizando os gestos e os olhares de aprovação no rosto do público. A cena devia culminar com os aplausos e seu sentimento de orgulho por sua realização enquanto ele se sentava ao acabar seu discurso.

Após ter "ensaiado" essa cena em sua imaginação por cerca de três ou quatro semanas, sua mente subconsciente aceitou seu comportamento confiante como normal. E é ela a responsável por enviar os sentimentos de nervosismo e ansiedade quando enfrentamos uma situação estressante. Quando o dia da palestra chegou, esses sentimentos de ansiedade não se apresentaram. Afinal, seu subconsciente raciocinou, se ele já fez a mesma coisa trinta vezes, por que teria qualquer dificuldade em fazê-la hoje?

Luís foi capaz de desfrutar todo o acontecimento — a recepção, seu discurso e a maneira como foi recebido pelas pessoas que estavam ali.

120 *Traumas de infância*

AFIRMAÇÕES

As afirmações podem ser de extrema ajuda quando sua confiança não é tão profunda quanto deveria ser. Elas podem ser faladas ou escritas.

Uma afirmação consiste em uma declaração positiva sobre si mesmo e sobre qualquer a situação que você quiser tratar. Não deve ser composta por mais do que uma frase pequena e seu propósito é indicar que você já conseguiu seja o que for que pretende fazer. Em outras palavras:

Eu me sinto à vontade na companhia de estranhos (e não "Estou menos tímido do que costumava ser").

Sou um não fumante (e não "Estou tentando parar de fumar").

Sou calmo e confiante no trabalho (e não "Estou ficando menos nervoso perto do meu chefe").

Existem várias maneiras eficazes de usar afirmações. Tente qualquer uma dentre as listadas abaixo ou todas e veja qual se adapta melhor a você. Tenho certeza de que poderá pensar em outras.

1. Escreva suas afirmações em uma folha e, de vez em quando no decorrer do dia, pare e as leia em voz alta para si mesmo.
2. Grave-as em uma fita cassete e deixe-as tocando no fundo enquanto estiver lavando a louça ou tomando banho.
3. Escreva-as em pequenos cartões (tipo cartão de visita) e adquira o hábito de manuseá-los de vez em quando em intervalos freqüentes: embaralhe-os e então estude (em vez de apenas ler) o que estiver em cima.

Um futuro positivo 121

4. Escreva suas afirmações naqueles papéis de anotação (tipo post-it coloridos) e pregue-os por todo o quarto ou por toda a casa — em qualquer lugar em que possa vê-los no decorrer de seu dia. As pessoas que usaram este método acham que ele é muito eficaz porque, embora você possa realmente passar e nem se concentrar nas palavras, seu subconsciente estará lendo o que está escrito várias vezes durante o dia e seu significado estará sendo absorvido sem que se tenha de fazer nada a respeito. Este método também apresenta a vantagem de os papéis poderem ser removidos em um instante, sem deixar marcas, e depois recolocados quando você quiser.

SENDO ASSERTIVO

Existem três atitudes principais, a agressiva, a submissa e a assertiva. A maioria das pessoas que sofreu traumas de infância e nada fez para minimizar seus efeitos se encaixa em uma das duas primeiras categorias.

A pessoa agressiva é alguém que se sente realmente inferior aos outros e tenta esconder esses sentimentos sendo visivelmente beligerante — seja física ou verbalmente. Todo valentão é agressivo e todo valentão tem esse sentimento de inadequação que tenta esconder, com desespero, do resto do mundo.

O comportamento agressivo, a curto prazo, pode sugerir que as batalhas foram vencidas, mas o agressor sempre perde a longo prazo. As pessoas podem ceder para o indivíduo de quem sentem medo, mas, assim que se sentirem um pouco mais fortes, abandonarão a cena, pois não têm sentimentos de lealdade para com aqueles que as levam ao medo.

A pessoa submissa raramente obtém o que deseja, mesmo a curto prazo. São indivíduos com fortes sentimentos

122 Traumas de infância

de inadequação e inferioridade, os quais se manifestam de maneira diferente — as pessoas submissas cedem ante os desejos e as necessidades dos outros. Elas podem dizer que fazem assim porque preferem "uma vida tranqüila", mas o que realmente querem dizer é que ficam aterrorizadas diante de qualquer tipo de confronto e que não acreditam que seus desejos ou opiniões tenham algum valor se comparados com os de outras pessoas.

Um indivíduo agressivo pode infernizar a vida de um que é submisso. Assim como o valentão da escola sempre procura a criança mais tímida, reconhecendo que ali está alguém que nunca se defenderá e que, portanto, é uma vítima fácil, assim também age o adulto agressivo.

O que você tem como objetivo, portanto, é se tornar assertivo. Quem age assim tem noção do próprio valor — embora aceite que, como todo mundo, pode cometer erros. Ao saber que tem o direito de expressar suas opiniões e emoções, também aceita que o outro tem o direito de discordar de suas opiniões ou de não ter passado pelas mesmas emoções.

Aqui estão algumas maneiras de reconhecer a assertividade em outra pessoa; são também um lembrete de que é isso que você quer para si mesmo.

- Uma pessoa assertiva é capaz de expressar sentimentos positivos — ao elogiar sinceramente outra pessoa, ser entusiasta e estimulante quanto ao futuro ou apenas dizer "eu amo você".

Muitas pessoas acham extremamente difícil elogiar (e às vezes até mais difícil aceitar um elogio), talvez por receio de parecerem bajuladoras ou "interessadas em alguma coisa". Mas um elogio genuíno, sincero, pode causar um prazer verdadeiro — mesmo que o elogiado pareça não saber como responder. Quando lhe fizerem um elogio de

Um futuro positivo   **123**

qualquer tipo, a melhor resposta muitas vezes é um simples "muito obrigado".

No que diz respeito a expressar os sentimentos, o agressivo terá receio de parecer fraco, e o submisso terá receio de ter essas emoções jogadas em sua cara.

- Uma pessoa assertiva é capaz de expressar sentimentos negativos — criticando de maneira justa e construtiva ou admitindo que está amedrontada, e assim por diante.

Ser assertivo não significa que não se pode criticar o que o outro fez (embora, ao contrário do agressivo, o assertivo seja também capaz de criticar seus próprios esforços). No entanto, quer a crítica seja destinada a você mesmo ou a outra pessoa, as regras são as seguintes:

1. Você está criticando o que foi feito, *não* o indivíduo que fez. Todos nós fazemos coisas tolas — mas isso não nos faz tolos. Todos tentamos algumas coisas e falhamos — mas isso não nos faz fracassados.
2. A crítica deve ser tão positiva quanto possível. Você é capaz de pensar em maneiras de garantir que a situação não se repetirá? Se for, diga quais são, mostrando assim esperar que a ação criticada não se repita.
3. A crítica não deve ser vista como um pretexto para trazer à tona todos os erros do passado ou para chegar à conclusão de que a pessoa criticada (seja você mesmo ou outra pessoa) está além da redenção.

Expressar sentimentos negativos, como o medo, não faz de você um fraco. Qualquer pessoa que realizou fatos realmente heróicos poderá lhe dizer que sentiu medo em vários

124 *Traumas de infância*

momentos. Também há um ditado que diz "O único homem que não sente medo é o tolo". Não é a emoção negativa que é importante — é a maneira como você age, apesar dela.

- Uma pessoa assertiva é capaz de expressar sua opinião e aceitar que o outro tenha opinião diferente.

O agressivo afirmará sua opinião de maneira dogmática, considerando como inferior a pessoa que possuir uma opinião diferente da sua. Ele não quer discussão, nem acordo — quer apenas as coisas à sua maneira.

O submisso acredita que sua opinião tem tão pouco valor que provavelmente não a enunciará; em vez disso, seguirá resignadamente o que o outro sugere. Em muitos casos, fará coisas que realmente não quer fazer, mas às quais não tem coragem de se contrapor. Essa atitude pode enfurecer a outra pessoa, que sinceramente está lhe oferecendo a possibilidade de escolha.

O assertivo não apenas afirmará sua própria opinião, como compreenderá que a outra pessoa tem a sua e dará ampla oportunidade para que a expresse. Ele também compreende que em muitos casos um certo compromisso será inevitável para que um lado não se imponha ao outro.

- Uma pessoa assertiva é capaz de expressar a raiva *justificada* — mas de tal forma que não intimide a pessoa com quem estiver zangada.

Nunca há uma justificava para gritar, bater ou desvalorizar a pessoa com quem você está zangado. Nem há necessidade disso. Dizer a alguém de maneira calma e controlada que algo que ela fez o deixou zangado pode ser extremamente mais eficaz. Tente para ver.

Um futuro positivo **125**

O que acontece quando alguém faz algo que o enfurece e então você grita, xinga, bate na mesa e age agressivamente? A probabilidade é que essa pessoa também se torne agressiva, gritando com você em resposta, jogando a culpa da situação sobre você e sendo defensiva, ou que fique tão acovardada com sua atitude que se sentirá ainda mais estressada e perturbada — e portanto é muito mais provável que repita o erro que o deixou furioso.

Dizer a alguém com voz calma "Você fez uma coisa que me deixou furioso" e explicar-lhe o _porquê_ é muito mais eficaz para levar a pessoa a parar e pensar em seus atos. Mesmo se ela ficar um pouco na defensiva no momento, é provável que sinta que você realmente quer ajudar e provavelmente fará um grande esforço para não voltar a errar. Como uma pessoa assertiva, você lhe dará a oportunidade de mostrar o seu lado da questão.

(Obviamente, estou tratando aqui do tipo de relacionamento interpessoal que todos temos — no trabalho e com nossos amigos e familiares. Não estou tratando do tipo de situação em que uma ação imediata é requerida. Se vir alguém atacando outra pessoa, ferindo um animal, destruindo uma propriedade, dificilmente esse será o momento de entabular uma discussão calma sobre o que você sente.)

- Uma pessoa assertiva é capaz de dizer não.

Isso é algo que a maioria de nós acha extremamente difícil, em especial quando amamos e respeitamos a pessoa que está nos pedindo algo. Mas pergunte a si mesmo por que deveria ser assim. Por que temos tanta aversão a nos recusar a fazer algo, não importa quão ocupados ou cansados estejamos?

A razão é que tememos que o outro não goste mais de nós se deixarmos de fazer o que ele quer. No entanto, é pouco provável que isso aconteça. Pense um pouco. Se

126 *Traumas de infância*

pedir a um amigo para fazer alguma coisa e, por alguma razão legítima, ele se recusar, você vai se afastar dele e terminar a amizade? Duvido. Portanto, ninguém vai fazer isso com você. E, se realmente encontrar alguém com uma atitude assim, pode ter certeza de que a pessoa em questão nunca foi mesmo sua amiga e apenas queria usá-lo.

Exercício 2 — assertividade

É impossível se tornar uma pessoa assertiva da noite para o dia, mas você pode começar dando alguns passos simples e, depois que perceber como eles podem ser eficazes, acredito que vai querer mais.

- Na próxima semana, tente encontrar três ocasiões em que possa fazer elogios sinceros. Não se preocupe se a pessoa elogiada parecer um pouco embaraçada — por dentro, ela estará muito feliz.
- Se você for alguém que sempre teve dificuldades em expressar suas emoções, diga à pessoa que lhe for mais íntima o que sente a respeito dela. Isso pode significar dizer a um companheiro ou a um filho que você os ama, ou falar a uma pessoa amiga como você aprecia essa amizade. Diga apenas o que sente e use palavras simples.
- Se sentir necessidade de criticar alguma coisa que alguém fez, faça isso construtivamente — lembrando-se da maneira assertiva de criticar.
- Se em algum momento sua opinião for solicitada, expresse-a — admitindo ao mesmo tempo que a opinião da outra pessoa pode não ser a mesma que a sua. Esteja preparado para discutir o assunto e encontrar um nível de acordo que sirva a ambos. Isso *não* significa que, para manter a paz, você tenha de se submeter ao que a outra pessoa quer.
- Se ficar com raiva, diga isso de maneira calma e controlada, estando preparado para fundamentar o que disse e explicar exatamente o que foi que o deixou com raiva.

Um futuro positivo   127

- Tente dizer "não" — não para ser difícil ou atrapalhar, claro, mas caso lhe peçam para fazer algo que realmente não quer ou não tem tempo para fazer.

Exercício 3 — pense "sucesso"

- Olhe para trás em sua vida e selecione um momento em que realmente se sentiu bem-sucedido. Antes de dizer que não existem momentos assim em sua vida, considere aconte-cimentos como atravessar a piscina a nado pela primeira vez, aprender a tocar piano com ambas as mãos ou passar no teste de motorista. O fato não tem de ser algo que faria você se sentir especialmente bem-sucedido se o fizesse hoje, mas algo que o fez sentir-se bem no momento em que aconteceu.
- Depois de escolher seu momento, pense em como você se sentiu. Examine realmente essas emoções e veja se consegue recriá-las, ainda que por um instante apenas.
- Agora, selecione algo que gostaria de fazer no futuro que ajudaria a lhe provar que sua confiança está crescendo. Pense em um incidente relativamente pequeno — este não é o momento de pensar em mudar toda a sua vida. Talvez você queira ser mais seguro ao encontrar estranhos ou ter um bom desempenho em uma entrevista na próxima semana.
- Depois de relaxar, visualize essa situação futura da maneira já descrita, vendo-a o mais detalhadamente possível. Ao imaginar-se realizando o que deseja, recrie dentro de si mesmo as emoções que acompanharam aquele momento de sucesso lembrado por você. Mantenha a imagem e a sensa-ção o máximo que puder. (Provavelmente isso será apenas um breve instante na primeira vez que tentar, porém durará mais à medida que você praticar.)

Este exercício tem como objetivo ligar em sua mente sub-consciente a imagem de seu futuro sucesso e as sensações

128 *Traumas de infância*

que acompanharam os antigos. Depois que essa ligação se formar, o subconsciente o capacitará a desempenhar aquela tarefa futura sabendo durante todo o tempo que o resultado será positivo.

Por favor, tenha em mente (a) que duas ou três semanas podem se passar antes de você realmente ver os resultados e (b) que deve lidar apenas com uma coisa de cada vez. Contudo, cada sucesso alcançado aumentará sua confiança geral e melhorará sua auto-estima — e isso de maneira permanente.

CAPÍTULO 10

Se você precisar de ajuda

Espero que, ao chegar a este capítulo do livro, você seja capaz de entender e de lidar com a maioria das áreas problemáticas de sua vida que se tornaram assim devido a algum trauma que você sofreu quando criança.

Para algumas pessoas, no entanto, o sofrimento está tão profundamente enraizado que uma ajuda extra se torna necessária. Se você estiver nessa categoria, encontrará neste capítulo algumas indicações de como encontrá-la. Pode ser que não ache necessária a ajuda de outros no momento; mesmo assim, no final deste livro, há indicações de outros livros que você poderia ler para consolidar o que já alcançou.

Para aqueles que decidirem procurar ajuda de outras pessoas, lembrem-se de que vocês já avançaram bastante ao se auto-ajudarem e, portanto, qualquer tratamento ou terapia provavelmente será de duração menor do que teria sido antes. Espero que também se lembrem — seja qual for a categoria em que se enquadrem — de dar a si mesmos o crédito devido por ter aumentado a consciência de sua situação e ter feito tudo o que já fizeram para lidar com os problemas que carregaram até a vida adulta.

Atualmente, existem muitas formas disponíveis de assistência profissional e, para o propósito específico de ajudar a superar traumas de infância, eu as dividi em dois tipos: ajuda primária e secundária. A ajuda primária é aquela que você terá para continuar o trabalho que já começou ao ler este livro. Ela o capacitará a olhar e entender o passado e transformar seus efeitos negativos em positivos.

130 *Traumas de infância*

A ajuda secundária o capacitará a se sentir melhor em geral — mais relaxado, menos tenso, mais capaz de olhar para o futuro. Esses sentimentos, por sua vez, farão com que você se torne mais receptivo a qualquer trabalho que fizer consigo mesmo ou qualquer ajuda primária externa que receber.

AJUDA PRIMÁRIA

Acredito que as mais benéficas são a hipnoterapia e o aconselhamento. Cada uma dessas terapias lhe dará tempo bastante para falar sobre sua vida — passado, presente e futuro —, assim como sobre os acontecimentos e as pessoas que o influenciaram. Você será estimulado com perguntas gentis a examinar suas reações do passado e seu estado emocional prévio e o atual.

A hipnoterapia provavelmente tem algumas vantagens a oferecer no sentido de que é possível, através da hipnose, trazer à sua mente memórias passadas que você bloqueou, ou fazê-lo se lembrar daqueles eventos que no momento da ocorrência podem ter parecido triviais, mas que, de qualquer modo, tiveram conseqüências sobre sua vida nos anos que se seguiram. E todos os hipnoterapeutas bem treinados são também conselheiros competentes.

O objetivo do hipnoterapeuta ou conselheiro éticos é ajudá-lo a compreender as causas de qualquer problema atual e estimulá-lo de todas as maneiras a progredir em direção à superação desses problemas. Eles estarão ali para aconselhá-lo e apoiá-lo quando necessário, especialmente quando se tratar de orientá-lo quanto a técnicas específicas que podem ser usadas, mas *jamais* caberá a eles dizer o que você deve fazer. Esses profissionais tentarão ajudá-lo a tomar uma decisão e farão todo o possível para apoiá-lo, porém tais resoluções devem partir sempre de você. Você é uma pessoa com mente e vontade próprias e isso sempre deve ser respeitado por aqueles com quem você se consulta.

AJUDA SECUNDÁRIA

Duas das mais conhecidas terapias desta categoria são a aromaterapia e a homeopatia.

A primeira envolve o uso de óleos essenciais que geralmente são massageados em seu corpo por um aromaterapeuta que selecionará os óleos mais adequados num dado momento. É também possível usar os óleos em casa colocando minúsculas quantidades na água de seu banho. Se você preferir essa forma, é melhor obter informações de um profissional qualificado sobre que óleos usar.

Embora hoje seja possível comprar remédios homeopáticos no balcão das farmácias, isso não constitui um substituto adequado para a consulta com um homeopata qualificado, que só lhe prescreverá medicamentos depois de analisar a sua história completa e detalhadamente.

QUANDO CONSULTAR UM TERAPEUTA PROFISSIONAL

Quer esteja recebendo ajuda primária ou secundária, é importante ter certeza de que a pessoa que você está consultando é bem qualificada, e é garantida e reconhecida pela instituição reguladora daquela forma particular de terapia. Um anúncio em um jornal local não é suficiente para lhe garantir isso — embora é claro, muitos dos que anunciam sejam perfeitamente qualificados e competentes. Aqui estão algumas dicas para ajudá-lo a encontrar o profissional adequado:

132 Traumas de infância

- Não receie pedir detalhes sobre suas qualificações profissionais e a qual instituição reguladora pertence.
- Qualquer terapeuta deve lhe dar a oportunidade de uma conversa rápida (de cerca de dez ou quinze minutos) sem cobrar, de modo que você possa discutir se aquela terapia em particular será ou não conveniente para o seu caso.
- Informe-se sobre o que será feito no decorrer da terapia — o que acontece durante a sessão, o que se espera que você pratique em casa, quanto custará e o número *aproximado* de sessões de que você necessitará.
- Cuidado se alguém lhe disser precisamente quantas sessões serão necessárias, pois nunca é possível saber isso com exatidão. E, por essa razão, *nunca* comece um tratamento com alguém que exige todo o pagamento com antecedência. Eu entendo quando um terapeuta pede a um paciente que pague duas sessões no começo e nada pela última; isso é apenas uma maneira de se assegurar, caso você falte a alguma sessão. Mas não há justificativa para pedir todo o pagamento antecipado.
- Talvez o ponto mais importante de todos: tenha absoluta certeza de que se sente confortável com esse terapeuta em particular. É possível ter um excelente terapeuta e um paciente esforçado que, por alguma razão, não conseguem entabular uma boa relação.

Isso não é culpa de ninguém, mas torna difícil o sucesso da terapia.

Portanto, depois de conseguir as informações práticas, confie em seu instinto para saber se poderá trabalhar bem e abertamente com o terapeuta que escolheu.

Leituras Complementares*

HIPNOTERAPIA

Markham, Ursula, *Hypnotherapy*, Vermilion.

Peiffer, Vera, *Principles of Hypnotherapy*, Thorsons.

Roet, Dr. Brian, *Hypnosis, a Gateway to Better Health*, Weidenfeld & Nicolson.

ACONSELHAMENTO

Kidman, Antony, *Tactics for Changing Your Life*, Kogan Page.

Wilson, Paul, *The Calm Technique*, Thorsons.

AROMATERAPIA

Davis, Patricia, *Aromatherapy, An A-Z*, C W Daniel Co.

Price, Shirley, *Practical Aromatherapy*, Thorsons.

Ryman, Daniele, *The Aromatherapy Handbook*, Century Publishing.

HOMEOPATIA

Ullman, Dana, *Homeopathy: Medicine for the 21st Century*, Thorsons.

Vithoulkas, George, *The Science of Homeopathy*, Thorsons.

LEITURA GERAL

Hodgkinson, Liz, *Spiritual Healing*, Piatkus Books.

Markham, Ursula, *Creating a Positive Self-Image*, Element Books.

Robbins, Anthony, *Passos de gigante*, Record.

Rusk, Tom, and Read, Randy, *I Want to Change But I Don't Know How*, Thorsons.

---

* No caso de livros já publicados no Brasil, colocamos apenas seu título em português com sua respectiva editora.

134 Traumas de infância

LIVROS DE URSULA MARKHAM JÁ PUBLICADOS NO BRASIL:
Como lidar com pessoas difíceis, Mandarim.
Elementos da visualização, Editora-Tecnoprint.
Estresse feminino: um guia prático de combate, Angra.
Mulher atual: soluções para viver melhor, Saraiva.
Proposta de vida: as quatro etapas da evolução, Saraiva.
Superando o estresse, Best Seller.
Terapia de regressão hipnótica, Nova Era/Record.

Nesta mesma coleção *Guias Ágora*:
Luto, Ágora

LIVROS DE URSULA MARKHAM AINDA NÃO TRADUZIDOS:
Alternative Health — Hypnosis, Optima.
Helping Children Cope with Stress, Sheldon Press.
How to Survive Without a Job, Piatkus.
Life Scripts, Element Books.
Living with Change, Element Books.
Managing Conflict, Thorsons.
Memory Power, Vermilion.
Women and Guilt, Piatkus.

FITAS CASSETE
As fitas cassete e os cursos de Ursula Markham em inglês podem
ser encontrados em:

The Hypnothink Foundation
PO Box 66 Gloucester GL2 9YG
United Kingdom

Índice Remissivo

abuso emocional 31-2, 101
abuso mental 31-2, 101
abuso sexual 31, 88-9,90, 92-3, 95, 101
aconselhamento 39, 75, 80, 130
adoção 25, 55-6
afirmações 120-1, 124
agressão 68-9, 95, 121-5
ajuda 29, 130-1
alcoolismo 33
ameaças 101-4
amor 73-6, 88
ansiedade 38-9, 43, 45, 64, 76, 81-2, 97
aromaterapia 131
assertividade 121-6
atmosferas 53
auto-estima 14, 23-4, 40, 45, 66, 73-4, 79, 84, 92, 96, 107, 114-5, 128
auto-imagem 62, 71, 84-5, 92, 108, 116

castigo 93-4
comparações 82-3, 106
competitividade 106
comportamento 61-2
confiança 16-7, 23, 27, 63-4, 86, 107-8, 117, 120, 127-8
confiar em alguém 85, 90
consciência 28-9, 35
criticismo 78-9, 80, 104-6, 109, 123, 126

culpa 28-9, 30, 64, 69, 70, 77, 84-5, 90

divórcio/separação 14-5, 52-3
doença 36, 38, 57-8
dores 90-1, 94-5, 97

elogios 122, 126
estresse 65, 106, 118-9, 125

fobias 39, 51-2

hipnoterapia 22, 37, 52, 70, 75, 80, 88-9, 130
homeopatia 131

inferioridade 32, 65, 69, 91, 98, 111
injustiça 45
insegurança 68-9
insônia 51

luto 51

maus-tratos e intimidação 31-3, 97, 110, 121-2
ME 80
medo 33-4, 37-8, 43, 63, 65, 90, 95-6, 98, 103-4, 121-4
morte 27, 50, 52
mudança de casa 58-9
mudança 15, 32, 58-9

negatividade 79, 80

136 Traumas de infância

obsessão 28-9, 30-1

palmadas, 94, 103
pânico 42-3
pesadelos 51
provas (exames) 81-2

raiva 66, 91-3, 98, 124-6
rejeição 14-5, 27, 41-2, 56, 88, 96-7
relacionamentos 59, 63, 78
religião 28, 30, 69, 70-1
repetição 36

segurança 75
sexo 30,77

síndrome da falsa memória 89, 90
sofrimento 50
solilóquio 115-6
subconsciente 15-6, 20, 32, 51, 70,
79, 80, 90, 106, 117-9, 121,
127-8
submissão 121-4

trauma acidental 25, 38-9, 49
trauma deliberado 31
trauma não intencional 26, 28

violência física 31-2, 93
violência 69
visualização 18, 103, 117-9, 127

A autora

Ursula Markham é hipnoterapeuta e autora de vários livros de auto-ajuda. Além de dirigir sua própria clínica, realiza conferências, *workshops* e seminários. É membro da diretoria da Hypnothink Foundation, responsável pelo treinamento de hipnoterapeutas e conselheiros em nível profissional.

Rua Clark, 136 - Mooca
03167-070 – São Paulo – SP
Fones: (0XX) 6692-7344
6692-2226 / 6692-8749

com filmes fornecidos pelo editor

LEIA TAMBÉM

ANOREXIA E BULIMIA
Julia Buckroyd

Nos últimos 25 anos, a anorexia e a bulimia transformaram-se em endemias entre os jovens do mundo ocidental. O livro traz informações atualizadas sobre o assunto, que ainda é pouco conhecido e que atinge uma enorme camada de jovens entre 15 e 25 anos de idade. A autora esclarece como a sociedade e a cultura colaboram com a criação dessas doenças, descreve os sintomas, as conseqüências e também como ajudar no âmbito familiar e profissional. REF. 20710.

ANSIEDADE, FOBIAS E SÍNDROME DO PÂNICO
Elaine Sheehan

Milhares de pessoas sofrem de síndrome do pânico ou de alguma das 270 formas de fobias conhecidas. O livro aborda os diferentes tipos de ansiedade, fobias, suas causas e sintomas. Ensina meios práticos para ajudar a controlar o nível de ansiedade e orienta quanto à ajuda profissional quando necessária. REF. 20707.

DEPRESSÃO
Sue Breton

A depressão cobre uma vasta gama de emoções, desde o abatimento por um episódio do cotidiano até o forte impulso suicida. Este guia mostra os diferentes tipos de depressão e explica os sentimentos que os caracterizam, para ajudar os familiares e os profissionais a entender a pessoa em depressão. Ensina também como ajudar a si mesmo e a outros depressivos. REF. 20705.

ESTRESSE
Rochelle Simmons

Informações de caráter prático sobre este "mal do século" tão citado e pouco entendido. Descreve a natureza do estresse, técnicas de relaxamento e respiração, ensina a acalmar os sentidos e a gerenciar o estresse de forma positiva. REF. 20708.

LUTO
Ursula Markham

Todos nós, mais cedo ou mais tarde, vamos ter de lidar com a perda de alguma pessoa querida. Alguns enfrentarão o luto com sabedoria inata; outros, encontrarão dificuldades em retomar suas vidas. Este livro ajuda o leitor a entender os estágios do luto, principalmente nos casos mais difíceis como os das crianças enlutadas, a perda de um filho ou, ainda, os casos de suicídio. REF. 20712.

TIMIDEZ
Linne Crawford e Linda Taylor

A timidez excessiva interfere na vida profissional, social e emocional das pessoas. Este livro mostra como identificar o problema e como quebrar os padrões de comportamento autodestrutivos da timidez. Apresenta conselhos e técnicas simples e poderosas para enfrentar as mais diversas situações. REF. 20706.

VÍCIOS
Deirdre Boyd

Os vícios – álcool, drogas, sexo, jogo, alimentos e fanatismos – constituem um dos maiores problemas a enfrentar atualmente no mundo todo. Eles comprometem a vida de pessoas de idades e classes sociais variadas, tanto as adictas quanto seus familiares e companheiros. O guia mostra os últimos estudos sobre as origens dos vícios, suas similaridades e como lidar com cada um deles. REF. 20711.

LEIA TAMBÉM

DESCANSEM EM PAZ OS NOSSOS MORTOS DENTRO DE MIM
Sergio Perazzo

O papel do médico e suas inibições ao lidar com a morte, e o difícil enfrentamento do assunto nos dias de hoje são algumas das questões abordadas neste livro. O autor analisa o tema do ponto de vista do psicodrama, mas seu estilo elegante e poético faz com que sua leitura seja indicada para todos os que desejam repensar esse importante tema da vida. REF. 20509.

EMAGRECIMENTO NÃO É SÓ DIETA!
Terezinha Belmonte

Este livro nos convida a uma séria reflexão sobre a obesidade, suas causas, seus efeitos, apontando caminhos para soluções e, acima de tudo, desmistificando as propostas mágicas que envolvem as dietas em geral. REF. 20272.

Saiba mais sobre MACONHA E JOVENS
Um guia para leigos e interessados no assunto
Içami Tiba

O autor analisa a maconha, seus efeitos, e a maneira pela qual os jovens acabam se envolvendo com ela. Útil para pais, jovens e terapeutas. Escrito em linguagem coloquial, o livro estabelece também um paralelo entre as etapas do desenvolvimento escolar e os aspectos preventivos. 4ª edição revista e ampliada. REF. 20361.

SOBREVIVÊNCIA EMOCIONAL
As dores da infância revividas no drama adulto
Rosa Cukier

Série de artigos que enfoca um tema emergente e pouco analisado, o "borderline". A partir de uma experiência pessoal familiar, a autora desenvolveu um trabalho que abrange a "criança ferida", os processos narcisísticos e os dissociativos. A abordagem é psicodramática, mas se aplica a diversas formas de terapia. Útil e tocante, ele serve tanto ao profissional quanto às pessoas envolvidas com tais pacientes. REF. 20540.

VENCENDO O MEDO
Um livro para pessoas com distúrbios de ansiedade, pânico e fobias
Jerilyn Ross

Finalmente, um livro que trata de tema emergente e que atinge milhares de pessoas. A autora, psicóloga e ela própria ex-fóbica, descreve os diferentes tipos de distúrbios de forma simples e coloquial. Em seguida, fala sobre seu método de trabalho, com citações de casos. Recomendado para profissionais e pacientes. REF. 20504.

---- dobre aqui ----

ISR 40-2146/83
UP AC CENTRAL
DR/São Paulo

CARTA RESPOSTA
NÃO É NECESSÁRIO SELAR

O selo será pago por

SUMMUS EDITORIAL

05999-999 São Paulo-SP

---- dobre aqui ----

ÁGORA

CADASTRO PARA MALA-DIRETA

Recorte ou reproduza esta ficha de cadastro, envie completamente preenchida por correio ou fax, e receba informações atualizadas sobre nossos livros.

Nome:_____ Empresa:_____

Endereço: ☐ Res. ☐ Coml. _____ Bairro:_____

CEP: _____-_____ Cidade: _____ Estado: _____ Tel.: ( )_____

Fax: ( )_____ E-mail: _____ Data de nascimento: _____

Profissão:_____ Professor? ☐ Sim ☐ Não Disciplina: _____

1. Você compra livros:

☐ Livrarias   ☐ Feiras
☐ Telefone   ☐ Correios
☐ Internet   ☐ Outros. Especificar:_____

2. Onde você comprou este livro?

_____

3. Você busca informações para adquirir livros:

☐ Jornais   ☐ Amigos
☐ Revistas   ☐ Internet
☐ Professores   ☐ Outros. Especificar:_____

4. Áreas de interesse:

☐ Psicologia   ☐ Comportamento
☐ Crescimento Interior   ☐ Saúde
☐ Astrologia   ☐ Vivências, Depoimentos

5. Nestas áreas, alguma sugestão para novos títulos?

_____

_____

6. Gostaria de receber o catálogo da editora? ☐ Sim ☐ Não

7. Gostaria de receber o Ágora Notícias? ☐ Sim ☐ Não

cole aqui

Indique um amigo que gostaria de receber a nossa mala-direta

Nome:_____ Empresa:_____

Endereço: ☐ Res. ☐ Coml. _____ Bairro:_____

CEP: _____-_____ Cidade: _____ Estado: _____ Tel.: ( )_____

Fax: ( )_____ E-mail: _____ Data de nascimento: _____

Profissão:_____ Professor? ☐ Sim ☐ Não Disciplina: _____

Editora Ágora

Rua Itapicuru, 613 Conj. 82   05006-000   São Paulo - SP   Brasil   Tel (11) 3871 4569   Fax (11) 3862 3530 ramal 116
Internet: http://www.editoraagora.com.br   e-mail: agora@editoraagora.com.br